Glücklicher leben in der Familie

von Deniece Schoefield

Cadmos

Die amerikanische Originalausgabe erschien 1984 unter dem Titel ‹Confessions of a happily organized Family› bei Writer's Digest Books, Cincinnati, USA.

Übersetzung: Uta Schmid-Burgk
Druck: Clausen & Bosse, Leck

Printed in Germany
ISBN 3-925760-24-5

Inhalt

Einleitung

Lesen Sie dieses Buch im Stehen.

Ganz richtig. Im Stehen. Sie wissen doch selbst, wenn Sie es sich mit einem Buch im Sessel gemütlich machen, bleiben Sie nicht lange ungestört. Sobald sie sich hinsetzen und zurücklehnen, werden Sie angegriffen wie eine Armee im Manöver. «Mama, wo ist mein Schuh?» – «Lies mir eine Geschichte vor!» – «Ich hab Hunger!» (Und immer hört es sich so an, als ginge es um Leben und Tod.) «Ich hab gerade einen tollen Film gesehen!» (Es folgt die dreistündige Beschreibung eines zweistündigen Films.) Also stehen Sie auf! Dieses Buch steckt voller großartiger Ideen, und Sie sollten sich keine davon entgehen lassen. Wenn Sie sich also beim Lesen konzentrieren wollen, brüllen Sie gelegentlich ein paar Befehle und Anweisungen, und Sie werden garantiert keine Menschenseele sehen.

Nun, da ich Ihre ungeteilte Aufmerksamkeit habe, möchte ich Ihnen etwas über dieses Buch erzählen. Ich will Ihnen darin Fragen beantworten wie z. B.: «Wie finden berufstätige Eltern Zeit für sich und haben trotzdem eine ordentliche, gemütliche Wohnung?» – «Wie bringt man Kinder dazu, etwas fortzuräumen, nachdem sie es benutzt haben?» – «Wie schafft man Platz im Badezimmer?»

Ich spreche vor allem die Frauen an, da sie nach wie vor die Hauptlast der Arbeit in Haus und Familie tragen. Das bedeutet natürlich nicht, daß sich die Männer nicht auch damit beschäftigen sollten.

Das Buch besteht aus drei Teilen, damit Sie sich leichter orientieren können: «Der Zeitsparplan», «Familienbetrieb Haushalt» und «Probleme vermeiden – Probleme lösen.»

Wenn Sie das Buch durchgelesen haben und sich noch einmal über die Techniken der Arbeitserleichterung informieren wollen, brauchen Sie nur die Liste im Teil «Familienbetrieb Haushalt» nachzuschlagen. Wenn Sie Probleme haben (Berge schmutziger Wäsche, Zeit und Platz für ein Baby, Reisen mit den Kindern), finden Sie unter «Probleme lösen – Probleme vermeiden» Hunderte von Ideen. Wenn Sie das Gefühl haben, Ihr Leben dreht sich nur noch um Kinder und Haushalt, studieren Sie noch einmal den «Zeitsparplan», und Sie gewinnen Zeit zur Verwirklichung Ihrer persönlichen Ziele.

Durch Erfahrung, durch Experimentieren und durch meine Korrespondenz mit vielen Hausfrauen habe ich Lösungen für uralte Probleme entdeckt. Hier sind ein paar Kostproben: Wenn Sie dieses Buch gelesen haben, wissen Sie, wie Sie Ihre Kinder dazu bringen, ihre Zimmer aufzuräumen (und andere unmögliche Pflichten zu erfüllen), und Sie wissen auch, wie Sie Ihre Besitztümer übersichtlich unterbringen, vom Hirschgeweih bis zur Skiausrüstung. Sie werden wissen, wie eine Ferienreise mit der Familie zu einem unvergeßlichen Erlebnis wird. Sie entdecken die Geheimnisse der Selbstmotivierung und finden Tips, wie Sie andere zur Mithilfe motivieren können. Sie finden Ratschläge zum Thema Schularbeiten und für einen friedlichen Morgen ohne Hektik. Kurzum, Sie erfahren, wie Sie der ganzen Familie Starthilfe geben können.

Ich werde Ihnen nicht viele Ratschläge zur Kindererziehung geben, aber viele Vorschläge machen, die Ihnen Zeit verschaffen, die Dinge zu tun, die Ihnen am meisten Freude und Befriedigung vermitteln. Ich hatte einmal Gelegenheit, einen weltberühmten Familienpsychologen über Kindererziehung sprechen zu hören. Er sagte, es sei ganz einfach: Man muß nur ein gutes Beispiel geben. Dem fügte er noch drei Schritte hinzu:

1. Ignorieren Sie unerwünschtes Verhalten, soweit es möglich ist.
2. Wenn das Verhalten nicht ignoriert werden kann, ziehen Sie die logischen Konsequenzen, die sich daraus ergeben.
3. Wenn das Kind sich lobenswert verhält, loben Sie es.

Dieses Buch verläßt sich vor allem auf die Macht des Beispiels und den allumfassenden Einfluß, den es auf die Familie haben kann. Ich schreibe dieses Buch für Sie, die Eltern, damit Sie die Grundregeln des Ordnunghaltens und Organisierens anwenden lernen und an Ihre Kinder weitergeben können. Das heißt keineswegs, daß ich selbst alle Probleme gelöst hätte – ich kann Ihnen versichern, ich versuche immer noch, meine Kinder davon abzuhalten, Sicherheitsnadeln in die Zahnpastatube zu pieken. Und ich wäre glücklich, wenn sie damit aufhören würden, den Fernseher mit Fingerfarben zu bemalen! Nein, ich bin keine Kinderpsychologin. Ich kämpfe mit denselben Problemen wie Sie. Aber trotzdem ist es möglich, Kinder in einer gut organisierten, ordentlichen Umgebung aufwachsen zu lassen – ohne entweder alles selbst zu machen oder die Familie wie ein Dompteur zu dressieren.

Wahrscheinlich haben Sie vor, Ihren Haushalt besser zu organisieren, wenn die Kinder aus dem Haus sind. Bis dahin sehnen Sie sich nach jemand, der den Abfalleimer ausleert, ohne eine Spur von Orangenschalen, Papierfetzen und leeren Dosen zu hinterlassen. Sie wünschten, Sie würden wenigstens einmal den Fußboden des Kinderzimmers erblicken, und Ihre tauben Ohren beten darum, einmal vom Dröhnen der Popmusik erlöst zu werden.

Aber so lange müssen Sie gar nicht warten. Alles kann so werden, wie Sie es sich wünschen – sofort! Wenn Sie dieses Buch lesen, werden Sie viele neue Ideen entdecken, die Sie ans Ziel Ihrer Wünsche bringen.

Suchen Sie sich die Ideen aus, die Sie am besten gebrauchen können. Probieren Sie sie aus und passen Sie sie Ihren Bedürfnissen an.

Wenn Sie anfangen, zu Hause etwas zu verändern, tun Sie es behutsam. Wenn Sie schimpfen und drohen, werden Sie nicht viel Begeisterung ernten. Außerdem sollten Sie langsam vorgehen, damit Sie sich an jede Neuerung gewöhnen und sie auch wirklich beibehalten können. Und vor allem: Seien Sie konsequent. Wann immer Sie ein neues Verbesserungsprogramm einführen, wird die Familie das für eine vorübergehende Phase halten und Sie nicht ernst nehmen. Nur ruhige Entschlossenheit wird sie überzeugen, deshalb machen Sie ganz deutlich, daß Sie sich diesmal durchsetzen werden.

Aber lohnt sich das alles auch wirklich? Ich wette, ja. Für mich bedeutet organisiertes Leben mit Kindern, daß man seinen Haushalt schafft (manchmal ohne Hilfe und zusätzlich zum Beruf), die Familie versorgt und immer noch Zeit und Energie für persönliches Wachstum übrig hat. Die Methoden, die in diesem Buch beschrieben werden, zeigen Ihnen, wie Sie diesen paradiesischen Zustand erreichen können. Wenn Sie diese Vorschläge auf Ihr Leben anwenden, werden Sie mit wachsendem Selbstbewußtsein und mehr Energie belohnt. Ihre Kinder werden sich mitverantwortlich fühlen, und Sie bekommen die Hilfe und die freie Zeit, die Sie so dringend brauchen. Die Antworten stecken zwischen diesen beiden Buchdeckeln. Also – worauf warten Sie noch?

Teil eins

Der Zeitsparplan

Kapitel 1

Brauchen Sie dieses Buch?

Der Test für Unentschlossene

Lassen Sie uns mit einem Test beginnen, um zu sehen, wie gut Sie organisieren können. Er besteht aus zehn einfachen Fragen. Antworten Sie mit «Ja», wenn Sie etwas häufig so machen oder es Ihnen oft passiert (auch wenn es nur einen Teil der Frage betrifft). Antworten Sie mit «Nein», wenn Sie nur ein Gelegenheitstäter sind.

Sie bekommen einen Punkt für jedes Ja und null Punkte für jedes Nein. Wenn Sie also am Ende keinen Punkt haben, sind Sie perfekt!

1. Gehen in Ihrem Haushalt häufig Dinge verloren? Hört man Sie oft sagen: «Es muß hier irgendwo sein»? Müssen Sie sich artistisch verrenken, wenn Sie in unzugänglichen Ecken nach dem Verlorenen suchen?
2. Kaufen Sie oft etwas neu, was Sie schon besitzen, aber nicht suchen wollen? Zum Beispiel eine neue Schere, statt nach einer von den dreien zu suchen, die Sie schon haben?
3. Sammeln sich Dinge auf Ihrem Kühlschrank an? Und wie steht es mit Bücherregalen, Schränken, Klavieren und Couchtischen? Mit anderen Worten, wenn Ihr Kopf flach wäre, würden Sie auch da etwas abstellen?
4. Gebrauchen Sie oft den Ausdruck «erst mal»? («Ich stelle es erst mal hier ab und räume es dann später weg»?)
5. Horten Sie stapelweise Zeitschriften, um sie «irgendwann» zu lesen? Und an diesem glorreichen Tag alle Bastelanleitungen, Rezepte, Strickmuster etc. auszuschneiden, die Sie aufheben wollen?
6. Haben Sie Haufen von Dingen, die Sie sortieren wollen?
7. Verbringen Sie die Hälfte Ihrer wachen Stunden damit, daß Sie überlegen, was Sie kochen sollen?
8. Sind Sie immer in Eile? Beklagen Sie sich regelmäßig darüber, daß Sie nicht genug Zeit haben? Verbringen Sie viel Zeit mit dem Aufstellen, Ergänzen und Verlieren von Listen? Vergessen Sie regelmäßig Dinge wie Ihr Portemonnaie, die leeren Limonadenflaschen oder Elternabende? Existieren an einem beliebigen Tag sieben oder

mehr unfertige Vorhaben, die auf Ihre Aufmerksamkeit warten? (z. B. Schränke voller halbfertiger Pullover, unsortierte Fotos und Hunderte von leckeren, aber niemals ausprobierten Rezepten?) Versprechen Sie sich regelmäßig, sich eines Tages darum zu kümmern?

9. Heben Sie Dinge auf, die Sie nicht mehr gebrauchen oder reparieren können? Haben Sie Haufen von Plastiktüten, die mit Plastiktüten gefüllt sind, und Massen von leeren Gläsern, Flaschen, alten Kaffeekannen und kaputten Liegestühlen? Hängen Sie länger an Kleidungsstücken, als sie Ihnen passen?
10. Sagen Sie regelmäßig: «Irgendwann könnte ich es vielleicht gebrauchen» oder: «Sobald ich es wegwerfe, fehlt es mir bestimmt»?

Zählen Sie Ihre Punkte zusammen. Wenn Sie null haben, sind Sie perfekt. Wenn Sie zehn haben, sind Sie das Gegenteil von perfekt.

Wenn Sie keinen oder nur ein paar Punkte haben, sollten Sie sich fragen, welche Atmosphäre bei Ihnen zu Hause herrscht. Darf man bei Ihnen nur auf Fußmatten stehen und auf Schonbezügen sitzen? Bitten Sie Ihre Gäste ab und zu aufzustehen, damit Sie die Sofakissen aufschütteln können? Werfen Sie die Zeitung weg, bevor jemand Gelegenheit hatte, sie zu lesen? Stauben Sie die Kleiderbügel ab?

Der Sinn des Organisierens besteht darin, Ihnen und Ihrer Familie ein ordentliches, gemütliches Zuhause zu schaffen – einen Ort, wo Sie und andere sich gerne aufhalten. Aber man kann es auch übertreiben. Eine allzu sterile Umgebung kann das Familienleben lähmen.

«Sharon hat weniger von der Kindheit ihrer Kinder miterlebt als Steve und ich», erzählte mir einmal eine Arbeitsgruppenteilnehmerin. «Sie haben ein hübsches, blitzsauberes Haus. Aber es gibt so viele Regeln und Verbote, daß die Kinder nicht gerne dort sind. Deshalb kommen sie immer zu uns.»

Seien Sie ehrlich. Waren Sie nicht auch schon in Wohnungen, die so makellos waren, daß Sie sich nicht willkommen fühlten? Sie haben sich dort nicht wohl gefühlt, weil Sie wußten, daß, kaum, daß Sie draußen wären, die Kissen aufgeschüttelt und der Teppich gesaugt werden würde.

Organisation und Sauberkeit haben einen Zweck. Sie sind kein Selbstzweck. Beim richtigen Organisieren geht es darum, die richtige Arbeit richtig zu tun. Wenn Sie Stunden damit verbringen, Unterwäsche und Schuhbänder zu bügeln, machen Sie Ihre Arbeit vielleicht richtig – aber machen Sie die richtige Arbeit? Wahrscheinlich nicht. Bedenken Sie, daß Maßhalten das Geheimnis erfolgreicher Haushaltsführung ist. Hier ist ein Beispiel:

Eins unserer Kinder mußte zu einer Sprachtherapeutin. Zehn Wochen lang gingen wir einmal wöchentlich zu ihr nach Hause, wo sie Steven unterrichtete und ihm die Übungen zeigte, die er machen sollte.

Als wir zu ihr kamen, empfing uns ein Gefühl der Wärme. Eine große Holzgiraffe stand in einer Ecke des Wohnzimmers, als erwarte sie einen Spielkameraden. Das offene Klavier lud zum Musizieren ein. Die Familienfotos schienen zu sagen: «Hier bist du willkommen.» Das Haus war ordentlich und aufgeräumt und wirkte gut organisiert. Es war weder neu noch von einem Innenarchitekten eingerichtet, aber ich fühlte mich dort sofort wohl.

Vergleichen Sie das mit der Erfahrung eines Freundes von uns, der auf dem Fußboden liegt, um Zeitung zu lesen oder fernzusehen – weil er als Kind nicht auf den Möbeln sitzen durfte. Obwohl es jetzt keinen Grund mehr dafür gibt, hat er diese Gewohnheit aus seiner Kindheit beibehalten.

Achten Sie auf die unausgesprochenen Signale, die Sie Ihrer Familie geben. Lassen Sie nie den Eindruck entstehen, daß Ihnen die Wohnung wichtiger ist als ihre Bewohner.

Das ist jedoch kein Freibrief für Schlamperei. Manche Menschen leben praktisch im Dreck und rechtfertigen das damit, daß sie die Zeit lieber mit ihren Kindern verbringen als zu putzen. Das hat ebenfalls eine negative Wirkung.

Das Richtige ist der goldene Mittelweg, und den können Sie nur selbst finden. Seien Sie ehrlich mit sich und stellen Sie fest, wann Sie das Maß nach der einen oder andern Seite übertrieben haben. Wenn Sie dabei Hilfe brauchen, sprechen Sie mit Ihrer Familie darüber oder mit einer Freundin, die den Mut hat, Ihnen die Wahrheit zu sagen. Sie können keine glückliche, gut organisierte Familie sein, wenn Sie nicht den Mittelweg zwischen Perfektion und Saustall herausfinden.

Denken Sie noch einmal an Ihr Testergebnis. Wenn Sie eine hohe Punktzahl haben, verzweifeln Sie nicht. Ich habe diesen Test mit Tausenden von Menschen gemacht, und die meisten hatten sieben Punkte oder mehr. Wenn Sie dieses Buch gelesen und seine Grundsätze angewendet haben, wird Ihre Punktzahl auf Rekordtiefe fallen. Das verspreche ich Ihnen.

Wie kann ich so etwas behaupten? Erstens werden Sie ein größeres Ordnungsbewußtsein entwickeln und sich mit Schaudern an die Zeiten erinnern, als Sie alles «erst mal» wegstellten.

Schritt für Schritt bringen Sie Ordnung in einen Schrank, ein Regal oder ein Zimmer und sorgen dafür, daß sie aufrechterhalten bleibt. Damit bekommen auch die Kinder eine Vorstellung davon, wo die Dinge hingehören. (Sicher haben Sie schon selbst erlebt, was für ein

Chaos entstehen kann, wenn man etwas sucht. Das kann nicht passieren, wenn Sie die Übersicht haben.)

Auch die Kinder werden bald das gute Gefühl genießen, das sich mit der Ordnung einstellt. Und wenn ein Zimmer ordentlich ist, fällt ein ungemachtes Bett oder Kleidung auf dem Fußboden viel mehr auf. So lernen sie, wie sie sich in unterschiedlichen Umgebungen – Chaos oder Ordnung – fühlen. Wahrscheinlich gefällt ihnen letzteres besser. Dann weicht das Chaos langsam der Ordnung, und Sie gewinnen immer mehr Freiheit.

Ich weiß aus Erfahrung, daß Kinder plus Chaos eine unerträgliche Situation darstellen. Wenn wir mit fünf Kindern nicht wenigstens einen Anschein von Ordnung aufrechterhalten würden, wäre ich längst in einer Gummizelle.

Das gute Gefühl

Offensichtlich ist Organisation mein Lieblingsthema. Wie kann ein so langweiliges Thema so faszinierend sein? Ich will es Ihnen gerne erklären. Normalerweise wenden wir ein System negativer Belohnungen an. Damit meine ich, ich höre nicht viel, wenn ich alles richtig mache, aber sehr viel, wenn ich etwas falsch mache. Kommt Ihnen das vertraut vor?

Nachdem ich den Kühlschrank stundenlang auf allen vieren geschrubbt habe, hat noch *nie* jemand gesagt: «Mama, der Kühlschrank sieht ja toll aus!» Und keiner sagt jemals: «Danke, daß alle Knöpfe an meinem Hemd sind.» Oder: «Super, daß du mein Bett gemacht hast.» Aber wehe, ein Knopf fehlt oder das Bett ist nicht gemacht. Manchmal sieht es so aus, als hätte nur ich Zugang zum Wäscheschrank, zum Nähkasten oder zum Putzlappen. (Ich tue, was ich kann, um diese Vorstellung zu ändern!)

Vielleicht haben Sie auch schon festgestellt, daß Hausarbeit wie der Versuch ist, ein Sieb mit Wasser zu füllen.

Negative Reaktionen erleben wir täglich. Macht man etwas richtig, merkt es keiner, macht man etwas falsch, sieht es jeder. Vielleicht haben Sie auch schon festgestellt, daß im Haushalt nicht viel Ruhm zu ernten ist. Wir bekommen nur selten Lob oder Anerkennung (abgesehen vom Muttertag). Und wo sind meine loyalen Truppen für den Rest des Jahres? Sie verschütten Milch in meinem sauberen Kühlschrank und werfen Kaugummipapier in ihre Kommodenschubladen. Kein Wunder, daß wir überzeugt sind, daß ein organisiertes Leben nur für Kinderlose, Singles oder extrem hartherzige Eltern möglich ist.

Das bringt mich zurück zu der Frage, weshalb Ordnungmachen so aufregend ist. Wenn Sie perfekte Ordnung in einen Schrank, ein Regal oder eine Kommode gebracht haben, scheint dieser kleine Bereich zu sagen: «Das hast du toll gemacht! Sorg dafür, daß es so bleibt!» Was für eine Motivation! Es ist wunderbar, diese Worte zu fühlen, denn die Chancen stehen eins zu zehn, daß Sie sie jemals hören werden.

Jeden Tag bekomme ich Briefe von vielen Menschen. Und immer ist einer dabei, in dem steht: «Heute habe ich meinen Schrank aufgeräumt. Ich bin alle fünf Minuten hingelaufen – nur um ihn anzusehen!» Ordnung erzeugt ein gutes Gefühl, und dieses Gefühl wirkt sich auf Ihre Stimmung aus. Es kann sogar Ihre gesamte Lebenseinstellung verändern. Ein organisiertes Leben befreit Sie vom ständigen Gefühl der Verzweiflung, und Sie sind viel weniger gestreßt. Sie erleben eine ungeheure Erleichterung. Sie brauchen dazu nur ein wenig Planung, etwas Zeit und ein bißchen gute, altmodische Arbeit.

Christopher Robin (aus «Pu der Bär») drückt es am besten aus: «Organisieren ist das, was man tut, bevor man etwas tut, damit es kein Durcheinander gibt.»

Wenn Sie ein organisiertes Familienleben führen wollen, begleiten Sie mich, und Schritt für Schritt werde ich Ihnen den Weg zu mehr Freiheit zeigen.

Kapitel 2

Der Weg zum Ziel

Im Zielesetzen bin ich Weltmeisterin. Ich setze mir dauernd Ziele: jeden Tag vier Kilometer laufen; neue Vorhänge für alle Zimmer nähen; mit dem Rauchen aufhören; jeden Tag mindestens zwei Seiten in mein Tagebuch schreiben und für den Rest meines Lebens um fünf Uhr früh aufstehen.

Nun, hier sitze ich – eine Veteranin aller jemals von Männern erdachten Fitneßprogramme. Mein Trimmfahrrad habe ich verschenkt. Mein Trampolin benutzen die Kinder für ihre «Wer-macht-die-höchsten-Fingerabdrücke-an-der-Wand»-Wettbewerbe. Die neuen Gardinen stammen aus dem Kaufhaus. Ich rauche immer noch, mein Tagebuch bleibt leer, und jeden Morgen um fünf drehe ich mich auf die andere Seite und schlafe weiter.

Trotzdem – diese vergeblichen Versuche, mir Ziele zu setzen, haben mich nicht entmutigt. Meine Mißerfolge haben mich so vieles gelehrt, daß ich ehrlich sagen kann, für die meisten bin ich dankbar. Wenn Sie sich selbst vorwerfen, antriebslos, schwach, undiszipliniert und passiv zu sein, müssen Sie sich dieselbe Lektion erteilen wie ich. Jetzt weiß ich es besser.

Denn der Schlüssel zum Erreichen eines Ziels liegt in der richtigen Zielsetzung – und das hatte ich nie getan. Aber bevor wir uns den Schritten zuwenden, die zu erreichbaren Zielen führen, lassen Sie uns ganz von vorne anfangen. Weshalb sind Ziele überhaupt notwendig?

Ohne Ziele regieren unwichtige Dinge unser Leben. Wir sind so beschäftigt mit Wäschewaschen, Einkaufen und Kochen, daß wir nie zu den wichtigeren Dingen kommen.

Ohne Ziele bleiben wir immer Zuschauer beim großen Spiel des Lebens. Wir sitzen auf den Bänken und sehen zu, wie andere vorwärtskommen und siegen. Man kann nicht siegen, wenn man kein Ziel hat. Und wer mitspielen will, braucht einen Ball.

Also suchen Sie sich Ziele! Dann sind Sie im Spiel, und Sie haben den Ball. Sie werden erleben, wie aufregend das ist! Sie sind verantwortlich. Sie bestimmen den Spielverlauf.

Wenn Sie das, was Sie tun, gerne tun, haben Sie auch genug Energie. Wenn Sie schon einmal vom «Läufer-High» gehört haben, wissen Sie, daß es zum Teil ein physiologisches Phänomen ist – aber es kann auch einfach durch das Erreichen eines Ziels entstehen. Die Verfolgung eines Ziels hilft Ihnen, Ihre Energie zu kanalisieren, und stärkt Ihren Enthusiasmus. Ein Ziel gibt Ihnen einen Grund, morgens aufzustehen.

Ziele setzen spart Zeit. Die meisten vergeuden einen großen Teil ihrer Zeit, indem sie die täglichen Pflichten planen, ohne auf das ganze Bild zu achten. Wir schießen Pfeile ab, ohne ein Ziel anzuvisieren. Wir arbeiten zuviel und erreichen zuwenig. Wenn Sie einem Plan folgen, bekommen auch die täglichen Routinepflichten eine neue Bedeutung, weil sie Sie in die richtige Richtung führen. Es gehört zur Natur jedes menschlichen Wesens, ein Ziel zu verfolgen. Wenn dieses Grundbedürfnis nicht erfüllt wird, entwickeln sich Gefühle der Enttäuschung, der Entmutigung und manchmal sogar Depressionen.

Mit jedem Ticken der Uhr vergeht ein Stück Ihres Lebens. Machen Sie das Beste daraus! Suchen Sie sich ein Ziel!

So fängt es an

Jetzt wollen Sie anfangen – aber wo?

Sie müssen sich nur hinsetzen und nachdenken. Es gibt eine Menge Fragen, die Sie sich selbst stellen können, um den Zielfindungsprozeß in Gang zu bringen:

Was würden Sie tun, wenn Sie mehr Zeit hätten?

Wie soll man sich an Ihrem 100. Geburtstag an Sie erinnern?

Was würden Sie tun, wenn Sie nur noch sechs Monate zu leben hätten?

Was möchten Sie in fünf Jahren tun?

Was möchten Sie in Ihrem Leben erreichen?

Wie möchten Sie leben?

Das sind ein paar Ideen zur Anregung. Ich persönlich habe allerdings mehr Erfolg mit Fragen wie:

Wovon möchte ich weniger haben? (Da fallen mir tausend Sachen ein: Pfunde, Falten, graue Haare...) Eine so gestellte Frage sagt Ihnen automatisch, wovon Sie mehr wollen.

Eine andere erfolgreiche Methode (zumindest für mich) ist es, die Suche nach einem Ziel mit der Suche nach einer Problemlösung zu verbinden. Fragen Sie sich zum Beispiel: «Was stört mich am meisten an meinem jetzigen Leben?» – «Kann ich irgend etwas ändern, damit ich erfolgreicher werde? Und wenn, was?» – «Bin ich zufrieden mit meiner Umgebung? Wenn nicht, warum?» – «Ich könnte mehr erreichen, wenn ich...» – «Was schiebe ich immer wieder auf?» – «Welche Tätigkeiten würde ich am liebsten ganz abschaffen?» Vielleicht haben Sie immer von einer Reise nach Australien geträumt oder von einem Wochenendhäuschen auf dem Land. Entfernen Sie die Spinnweben aus Ihrem Kopf und schreiben Sie sich ein paar Ideen auf. (Da Sie dieses Buch lesen, haben Sie offensichtlich das Ziel, Ihre Familie besser zu organisieren.)

Das ist der Punkt, an dem ich immer aufgehört habe. Da standen meine Träume, Ziele und Wünsche, schwarz auf weiß. Jetzt, stellte ich mir vor, würde alles von selbst gehen, und ich würde fortan für immer glücklich sein. Falsch! Noch haben wir nichts weiter getan, als uns etwas zu wünschen.

Die Zehn Gebote des Zielesetzens

(Passen Sie jetzt gut auf, denn ein paar Seiten weiter erfahren Sie, wie Sie auch Ihren Kindern helfen können, sich Ziele zu setzen!)

1. *Glauben Sie an Ihr Ziel.* Wenn Sie fürchten, daß Sie ein bestimmtes Ziel vielleicht nicht erreichen, formulieren Sie es neu, ändern Sie es, bis Sie wirklich glauben können, daß Sie es schaffen.
2. *Bestimmen Sie das Ziel genau.* Es genügt nicht zu sagen: «Ich möchte abnehmen.» Besser ist: «Ich möchte fünfzehn Pfund weniger wiegen.» Dann wissen Sie genau, wann Sie Ihr Ziel erreicht haben.

   Formulieren Sie Ihr Ziel also ganz präzise. Wenn Sie sich vorgenommen haben: «Ich will jeden Morgen um fünf aufstehen», ist das vielleicht gar nicht Ihr Ziel. Viel wahrscheinlicher ist, daß Sie zwei ungestörte Stunden für sich haben wollen. Wenn das so ist, gibt es noch andere Möglichkeiten, als um fünf Uhr morgens aufzustehen. Sie können abends länger aufbleiben, oder Sie delegieren ein paar Ihrer morgendlichen Pflichten. Brauchen Sie zwei zusammenhängende Stunden, oder können Sie den Mittagsschlaf des Babys nutzen? Können Sie jemand bitten, eine Weile die Stellung zu halten, während Sie in die Bibliothek gehen, eine Freundin besuchen oder sich ins Schlafzimmer zurückziehen?

   Als ich mir zum Ziel setzte, um fünf aufzustehen, dachte ich vor allem, wie toll es klingen würde, wenn ich sagte, wann ich aufgestanden war. Deshalb bekämpfte ich meine natürlichen Neigungen (lange aufzubleiben) und fühlte mich todunglücklich. Ich schaffte viel mehr, wenn ich spät schlafen ging und morgens zur gewöhnlichen Zeit aufstand.

Realistische Ziele beinhalten drei Schritte: Stellen Sie fest, welche Mittel Ihnen zur Verfügung stehen. Haben Sie spezielle Talente oder Fähigkeiten? (Vergessen Sie nicht persönliches Engagement und die Bereitschaft, hart zu arbeiten.) Sind Familienmitglieder oder Freunde bereit, Sie zu unterstützen? Sie können vielleicht mitarbeiten, Ihnen Material, ihre Kenntnisse oder ihren Rat zur Verfügung stellen oder Sie mit jemand bekanntmachen, der Ihnen weiterhelfen kann.

Dann kommt das Brainstorming. Notieren Sie jeden denkbaren Weg, auf dem Sie ans Ziel kommen können. (Fragen Sie Ihre Kinder. Sie sehen die Dinge so einfach, daß sie oft großartige Ideen haben.) Sprechen Sie mit Freunden. Notieren Sie sich jede Idee, so ausgefallen Sie Ihnen auch vorkommen mag. Wenn Sie dann Ihre Liste durchgehen, können Sie kombinieren und erfinden, verändern und streichen, ersetzen und umstellen. Schließlich überprüfen Sie die Möglichkeiten daraufhin, welche die schnellste, einfachste und beste ist, um Ihr Ziel zu erreichen.

3. *Gliedern Sie Ihre Aktivitäten auf.* Jedes Ziel läßt sich unterteilen: Erstens haben Sie das große Hauptziel; zweitens haben Sie eine Liste von Teilzielen, die Ihnen helfen, das Hauptziel zu erreichen; und drittens die Mini-Ziele, eine Reihe von kleinen Arbeiten, aus denen die Teilziele bestehen. Mini-Ziele sind Aufgaben, die Sie an einem Tag erledigen können (oder noch besser in einer Stunde).

Wenn Sie Ihr Ziel planen, schreiben Sie folgende Punkte auf:

I. Hauptziel
   A. Teilziel
      1. Mini-Ziel
      2. Mini-Ziel

   B. Teilziel
      1. Mini-Ziel
      2. Mini-Ziel

Um das Hauptziel zu erreichen, fangen Sie unten an und arbeiten sich immer weiter nach oben. Mini-Ziele sind der Stoff, aus dem Hauptziele bestehen. Jedesmal, wenn Sie eins erreicht haben, haben Sie ein Erfolgserlebnis. Wenn ein Mini-Ziel erfüllt ist, erneuert sich Ihre Motivation und Ihre Entschlossenheit, bei der Stange zu bleiben. Mini-Ziele lassen Ihr Selbstbewußtsein wachsen und gedeihen. Und sie trainieren und stärken Ihre Fähigkeit zur Selbstdisziplin. Sie wissen, daß die Muskeln nach und nach gedehnt werden müssen, bis Sie mit gebeugtem Oberkörper und gestreckten Beinen Ihre Zehen berühren können. Aber haben Sie jemals daran gedacht, daß es mit der Selbstdisziplin genauso ist? Für jemand, der sehr ungeduldig ist, bedeutet: «Schrei die Kinder nicht an!» dasselbe wie ein Spagat für einen Untrainierten. Fangen Sie also mit kleinen, erreichbaren Zielen an wie: «Heute schreie ich die Kinder beim Frühstück nicht an.» Allmählich und fast schmerzlos können Sie das Ziel über kleine, im voraus bestimmte Schritte erreichen.

4. *Legen Sie die Reihenfolge fest, in der die Teilziele bearbeitet werden sollen.* Mein Bruder zum Beispiel ist ein passionierter Heimwerker. Sein Hauptziel ist der Ausbau seines Kellers. Und so sehen seine Teilziele aus:

   - Vorbereitungen
   - Wände einziehen
   - Leitungen verlegen
   - Rohre verlegen
   - Türen einbauen
   - Wände und Decken verputzen
   - Holzteile streichen
   - Fußböden verlegen

   Aus Platzgründen habe ich die Teilziele bereits in die logische Reihenfolge gebracht. (Vergessen Sie nicht, daß jedes Teilziel eine Menge Mini-Ziele umfaßt – kleine Schritte, mit denen man dem Ziel in Etappen näherkommt.)

5. *Welche Hilfsmittel brauchen Sie?* Finden Sie heraus, mit welchem Aufwand an Zeit und Geld Sie rechnen müssen, um ans Ziel zu kommen. Dieser Schritt ist ganz wesentlich. Denn die richtige Planung hängt von Ihren Hilfsquellen ab. Können Sie den Keller nur nach und nach ausbauen, weil nicht genug Geld vorhanden ist, oder kann alles, was Sie brauchen, heute nachmittag zur Verfügung stehen? Müssen Sie Ihr Projekt allein in Ihrer Freizeit fertigstellen, oder können Sie mit regelmäßiger Unterstützung rechnen?

   Dieser Schritt ist ebenso notwendig wie lohnend. Wir denken immer zuerst an unsere Grenzen. «Das kann ich nicht machen, weil ich keine elektrischen Geräte habe.» – «Wenn ich anfange, klingelt bestimmt das Telefon.» – «Ich habe noch nie eine Dusche eingebaut.» Mit diesem Planungsschritt überwinden Sie die Grenzen, denn er zwingt Sie, nach Unterstützung zu suchen und Ihre selbstgesetzten Hindernisse zu überwinden.

6. *Setzen Sie sich eine Frist.* Beschließen Sie, wann Sie jedes Teilziel erreicht haben wollen, und schreiben Sie die Daten auf. Dann beginnen Sie am Ende Ihres Plans und legen Termine für jedes Mini-Ziel fest.

   Ein Beispiel dafür finden Sie auf der gegenüberliegenden Seite. Das Teilziel ist: Die Vorbereitungen abschließen. Der Termin dafür ist der 1. Juni. Sie fangen unten auf der Liste der Mini-Ziele an (Baugenehmigung) und arbeiten sich vom 1. Juni zurück zum 19. Mai, der nun der Starttermin für dieses Teilziel ist. (Das ist nicht so kompliziert, wie es klingt!)

7. *Benutzen Sie ein Schema.* Wenn ich an einem handwerklichen Projekt arbeite, ein langes, wichtiges Buch lese oder etwas verändern will, gliedere ich meine Aufgabe und fülle das Schema aus. Für ein kompliziertes Vorhaben wie den Ausbau des Kellers wird für jedes Teilziel ein eigenes Schema ausgefüllt.

   Dieses Schema ist lebenswichtig für die Planung Ihrer Zeit und Ihrer Finanzen. Wenn Sie von vorneherein wissen, wieviel Zeit und Geld Sie für Ihr Ziel benötigen, vermeiden Sie, daß Sie sich in irgendeinem Bereich übernehmen.

   Für die Woche, in der Ihre Mutter zu Besuch kommt, sollten Sie also z. B. nicht gerade das Verputzen der Wände planen.

Ziel: Ausbau des Kellers
Teilziel: Vorbereitungen

Mini-Ziele	Termin	Hilfsmittel Zeit	Hilfsmittel Kosten
Bauamt wegen Bestimmungen anrufen	19. 5.	15 Min	
Bauplan zeichnen	25. 5.	3 Tage	
Neues Bandmaß kaufen	25. 5.		5,–
Elektrik planen	30. 5.	2 Std.	
Stadtverwaltung – Baugenehmigung	1. 6.	1 Std.	80,–
Insgesamt:	1. 6.	3 Tage, 3 Std., 15 Min.	85,–

Nun wollen wir sehen, wie ein weniger konkretes Ziel, wie eine glückliche, organisierte Familie zu erreichen ist. Versuchen Sie von Anfang an, so viele Familienmitglieder wie möglich an der Planung zu beteiligen – um so erfolgreicher werden Sie sein.

Fangen Sie mit der Frage an: «Wie können wir unseren Alltag besser organisieren, damit wir zufriedener werden?» Schreiben Sie alle Ideen auf. Hier sind ein paar Beispiele für mögliche Antworten:

- Rechtzeitig zur Schule kommen
- Früher aufstehen
- Bücher zu diesem Thema lesen
- Einen Essensplan machen
- Die Zimmer besser in Ordnung halten
- Familien- und eigene Pläne koordinieren
- Nach einem festen Plan waschen

Als nächstes suchen Sie einen Bereich heraus, auf den Sie sich konzentrieren, auch wenn mehrere Probleme anstehen. Wenn Sie sich zuviel vornehmen, werden Sie entmutigt, und Ihr Vorhaben scheitert.

Nehmen wir an, die Familie entscheidet sich einstimmig für aufgeräumte Zimmer. Beschließen Sie genau, was Sie erreichen wollen, damit Sie wissen, wann das Ziel erreicht ist. Nehmen wir zum Beispiel an, Sie legen das Ziel folgendermaßen fest: Alle Zimmer sollen für den Zeitraum von drei Monaten an fünf Tagen in der Woche aufgeräumt sein.

Nun fragen Sie jeden, was er zu beanstanden hat. Wie sehen die Probleme aus, und was ist die Ursache? (Schreiben Sie alles auf.)

Mutters Klagen: Die Kinder machen ihre Betten gar nicht oder schlampig. Auf den Schränken türmt sich nutzloser Kram. Die Schranktüren stehen immer offen. Kleidungsstücke werden unordentlich in die Kommode geworfen. Im Elternschlafzimmer liegen alte Zeitungen herum. Die Vorhänge sind häßlich.

Vaters Klagen: Dasselbe zu den Kinderzimmern. In der Dusche hängen immer Strümpfe. Auf dem Elternbett liegt nicht weggeräumte Wäsche.

Die Klagen der Kinder: Etagenbetten sind so schwer zu machen. Wir haben keinen Platz für unsere Schulsachen. Wir haben keinen Platz für unsere Poster. Wir haben keine Schreibtische.

Nun, da das Ziel genau definiert und die Probleme klar sind, wird es Zeit für ein Brainstorming, um die chaotischen Verhältnisse zu ändern. Hier ist eine Liste möglicher Lösungen:

- Die Etagenbetten bekommen passende Bett- und Tagesdecken.
- Jedes Kind bekommt einen großen Behälter für seine «Schätze».
- Eine Wand wird für Poster etc. bestimmt.
- Alle stehen etwas früher auf, damit die Zimmer vor der Schule in Ordnung gebracht werden können.

- Verschenken Sie alle alten Sachen; packen Sie Sommer- bzw. Wintersachen weg.
- Vater baut Schreibtische für die Kinder, in denen alle Schulsachen Platz finden.
- Die Strümpfe kommen auf ein Trockengestell.
- Vater räumt seine Zeitungen weg.
- Das Elternschlafzimmer bekommt neue Vorhänge.
- Die Wäsche wird gleich nach dem Trocknen weggeräumt.

Wenn Sie die richtigen Lösungen herausgefunden haben, gliedern Sie das Hauptziel in Teilziele auf. Hier ist ein Teil des fertigen Plans:

1. Hauptziel: Die Zimmer sind drei Monate lang an fünf Tagen in der Woche aufgeräumt.
   A. Teilziel: Das Bettenmachen vereinfachen.
      1. In Kaufhäusern nach passenden Bettdecken suchen.
      2. Passende Bettwäsche aussuchen.
      3. Tagesdecken kaufen.
   B. Teilziel: Keine Unordnung mehr auf dem Schrank.
      1. Kisten für die «Schätze» kaufen, die z. B. unter die Betten passen.
      2. Einen Platz an der Wand für Poster etc. frei machen.
   C. Teilziel: Die Schränke werden aufgeräumt.
      1. Alle Kleidungsstücke aus dem Schrank nehmen.
      2. Sachen sortieren: Winter- bzw. Sommersachen, Sachen zum Weggeben und Sachen, die weggeworfen werden können.
      3. Nur die Sachen in den Schrank räumen, die in der jeweiligen Jahreszeit getragen werden.
      4. Schubladen unterteilen, damit Unterwäsche und Strümpfe getrennt aufbewahrt werden können.

Mit so klar formulierten Schritten kommen Sie direkt ans Ziel: aufgeräumte Zimmer.

8. *Seien Sie flexibel.* Wenn Sie sich ein Bein brechen, muß der Kellerausbau ein Weilchen warten. Manchmal verhindern Einflüsse, die Sie nicht kontrollieren können, daß Sie Ihr Programm erfüllen. Alle Pläne stehen auf dem Papier, und obwohl sie ernst genommen werden sollten, müssen sie überprüft und verändert werden, wenn die Situation es erfordert.

9. *Entwickeln Sie Begeisterung.* Enthusiasmus setzt Energie frei. Nun weiß ich, daß es manchmal schwer ist, Begeisterung aufzubringen. Wenn das Baby schreit und Ihr Sohn auf den Apfelbaum geklettert ist und fotografiert werden will, ist die Versuchung groß, alle Ziele sausenzulassen und die Begeisterung zu vergessen.

   Manchmal müssen Sie deshalb einfach so tun.

   Simulieren Sie so lange Begeisterung, bis sie dem Ziel so nahe sind, daß sie sich von selbst einstellt.
10. *Belohnen Sie sich.* Seien Sie stolz auf jeden kleinen Schritt, und gönnen Sie sich eine Belohnung dafür.

Lohnt sich das alles?

Im Sommer 1983 wurde ein Teil der Stadt, in der wir leben, von einer Flut zerstört. Familien verloren ihr Zuhause, Straßen wurden unpassierbar, und viele unersetzliche Besitztümer wurden von der Schlammlawine begraben, die sich von den Bergen herabwälzte. Viele Häuser waren bis zum Dach voller Schlamm. Eins war unzerstört stehengeblieben, aber die Inneneinrichtung war unbrauchbar geworden. Die Eigentümer beschlossen, alles zu tun, um wenigstens das Gebäude zu erhalten. Mit vielen Helfern wurde der Schlamm Eimer für Eimer herausgeholt, und das Innere wurde bis auf die nackten Mauern ausgeräumt. Doch einige Zeit nach dem Beginn des Wiederaufbaus kündigte die Ernährerin der Familie ihren Job! Es hätte nur noch zwei oder drei Jahre bis zu ihrer Pensionierung gedauert, und sie verlor die meisten Vergünstigungen. Aber ihre Einstellung war: «Ich habe mein ganzes Leben für Dinge gearbeitet, und in fünf Minuten war alles weg. Wo ist da der Sinn?» Auch wenn das ein bißchen drastisch erscheint, ich kann nicht anders, als mit dieser Frau zu sympathisieren. Gestatten Sie mir ein wenig Philosophie: Unser Leben muß mehr beinhalten als Dinge. Das Anstreben und Erreichen eines Ziels gibt uns mehr als materiellen Besitz, an dem wir hängen. Ziele geben dem täglichen Einerlei eine Richtung. Sie bilden den Charakter, stärken die Familie und erfüllen das Leben mit Sinn.

Denken Sie an die letzten zehn Jahre Ihres Lebens zurück. Wenn Sie sich fragen: «Hat sich das alles gelohnt?», dann haben Sie vielleicht keine Ziele gehabt.

Alexander Woollcott hat gesagt: «Viele verbringen die Hälfte ihres Lebens damit, sich etwas zu wünschen, das sie haben könnten, wenn sie nicht die Hälfte ihres Lebens damit zubrächten, sich etwas zu wünschen.»

Ziellos treiben?

«Weshalb sollte ich mir Ziele setzen, wenn ich abwarten kann? Dann rücken sich die Dinge automatisch von selbst zurecht.»

Ein guter Einwand. Es stimmt, wenn Sie abwarten, werden die Prioritäten von außen gesetzt. Und wenn sich etwas zu einer Krise entwikkelt, wissen Sie, was zu tun ist. Sie brauchen niemals selbst eine Entscheidung zu treffen.

Und wenn der Club der Zauderer am Ende des Jahres seine Prognosen für die vergangenen zwölf Monate stellt, behält er natürlich hundertprozentig recht. Nicht schlecht.

Aufschieben bringt Anregung und Aufregung (inklusive hohen Blutdruck, Schlaganfall und Herzkrankheiten) in ein ansonsten glanz- und ereignisloses Leben.

Aufschieben ist eine Zeitlang ganz angenehm. Es schützt uns vor Begegnungen mit allem, was wir nicht wahrhaben wollen. Als ich anfing, dieses Buch zu schreiben, habe ich die Arbeit immer wieder hinausgeschoben.

Ich hatte Angst davor, es zu schreiben, Angst, den Termin nicht zu schaffen, Angst, daß mir nichts einfallen würde. Ich saß herum und dachte mir Kapitelüberschriften aus, notierte und sortierte die verschiedensten Ideen, wühlte in Papieren und arbeitete mich durch einen Riesenberg Bücher. Als mir schließlich klar wurde, was ich tat, nahm ich all meine Kraft zusammen und fing einfach an zu schreiben. Mehr war nicht nötig.

Sie sehen also, auch ich verstehe etwas vom Aufschieben. Ich weiß, wie leicht es ist, in diese Falle zu gehen, und ich kenne ihre destruktive Wirkung.

Aufschieben ist ein tödlicher Feind Ihrer Zeit und Ihrer Energie und muß unbedingt vermieden werden. Es ist der häufigste Grund für Krisen. Wenn Sie merken, daß Sie etwas aufschieben, halten Sie inne und stellen Sie sich die folgenden Fragen:

Wovor habe ich Angst?

Gibt es einen kleinen Teil meiner Arbeit, den ich jetzt tun kann? (Überlegen Sie sich irgend etwas, das Sie Ihrem Ziel näherbringen kann.)

Wie lange wird es wirklich dauern?

Was ist meine Belohnung, wenn ich wenigstens ein Mini-Ziel erreiche?

Bleiben Sie am Ball!

Selbstmotivation ist in dieses Programm eingebaut – wenn Sie ihm eine Chance geben. Das Bedürfnis, etwas zu erreichen, können und werden Sie lernen, wenn Sie sich regelmäßig erreichbare, aber herausfordernde Ziele setzen – Ziele, die nur ein bißchen Anstrengung erfordern.

Wenn Sie anfangen, sich müde und frustriert fühlen, machen Sie am besten eine Pause. Aber versuchen Sie, in einer möglichst positiven Stimmung und möglichst an einem Punkt aufzuhören, der einen Abschluß bildet. Brechen Sie nicht in der Mitte eines Satzes oder einer Reihe von Maschen ab. Der Grund dafür ist einfach – Ihre Anlaufzeit beim nächsten Mal verlängert sich dadurch. Sie vergeuden Zeit damit, sich zu erinnern, wo Sie stehengeblieben waren. Manchmal müssen Sie ein wenig nachdenken, um herauszufinden, weshalb Sie eine Arbeit liegengelassen haben. Vielleicht finden Sie so eine Lösung, die eine Wiederholung verhindert.

Auch Interesse unterstützt die Selbstmotivation. Finden Sie mehr über das gewählte Objekt heraus. Je mehr Sie wissen und lernen, desto größer wird das Interesse. Besorgen Sie sich Informationen – aber nehmen Sie das nicht zum Vorwand, das Projekt aufzuschieben. Ich habe den Beginn der Arbeit an diesem Buch mit dieser Entschuldigung immer wieder hinausgezögert. Das Sammeln von Fakten hielt mich vom Schreiben ab. Also machen Sie sich sachkundig, und wenn Ihr Interesse geweckt ist, gehen Sie ans Werk. Sie können Ihren Wissensdurst auch während der Arbeit stillen.

Unterbrechungen und Ablenkungen mindern Ihre Begeisterung, also vermeiden Sie sie, wenn es irgend geht. Aber machen Sie nie – ich wiederhole: nie – eine unvollkommene Situation zum Vorwand, gar nichts zu tun. Deshalb sind Mini-Ziele so wichtig. Sie können schnell erreicht werden, ohne daß Sie lange darauf warten müssen, daß plötzlich wie durch Zauberei genug Zeit vorhanden ist.

Nun sind Sie eine Ziel-Expertin, und wir wollen uns den Kindern zuwenden. Wie können wir ihnen helfen, ihre Möglichkeiten voll zu nutzen? (Wenn Sie sich erst selbst mit diesem Prozeß gründlich vertraut machen wollen, bevor Sie ihn Ihren Kindern beibringen, überfliegen Sie die folgenden Seiten und kommen Sie später darauf zurück.)

Es ist kinderleicht!

Zugegebenermaßen ist es einfacher, Ihren Kindern zu helfen, sich Ziele zu setzen, wenn Sie noch klein sind – und es macht viel mehr Spaß.

Wenn Florian sagt: «Wenn ich groß bin, werde ich Polizist», antworten Sie dann: «Das ist schön. Nun iß deine Suppe auf!»? Oder verabreden Sie für Ihren Sohn und seine Freunde eine Besichtigung der nächsten Polizeistation? Ermutigen Sie seinen Traum, oder lassen Sie ihn vorübergehen, weil Sie wissen, daß er nächste Woche Pilot werden will? Unsere Reaktion auf die Ziele und Wünsche unserer Kinder bestimmt mit darüber, was Sie letztlich mit Ihren Plänen anfangen.

Ziele setzen ist für Kinder keine so anspruchsvolle Wissenschaft wie für Erwachsene. Aber Sie können sie durch Fragen und Aktivitäten (soweit Sie dabei erwünscht sind) unmerklich lenken. Die Besichtigung einer Polizeiwache, Bücher zum Thema oder Bilder, die ausgeschnitten und in ein Album geklebt werden, gehören dazu. Dabei sollten Sie die Wünsche des Kindes nicht bewerten, sondern objektiv bleiben. (Vorausgesetzt, das Ziel des Kindes ist nicht unmoralisch oder illegal.)

Die Familienkonferenz

Kinder brauchen wenig Anleitung, wenn sie gute Beispiele sehen. Eine der wirksamsten Arten, Kindern beizubringen, wie und warum man sich Ziele setzt, ist, sie an Ihren eigenen Plänen teilhaben und an allen Vorhaben mitwirken zu lassen, die die Familie betreffen.

Manche Familien setzen sich einmal in der Woche oder im Monat für eine Stunde zusammen, um gemeinsam Ziele für die Familie zu besprechen:

«Sollen wir einen neuen Eßzimmertisch kaufen oder ein Schlauchboot?»

«Wo wollen wir diesen Sommer Urlaub machen?»

«Wir wollen gesünder essen. Was sollen wir kaufen (oder nicht kaufen)?»

«Morgens soll es nicht so hektisch hergehen. Was können wir tun, um rechtzeitig und ohne Kämpfe und Geschrei fertig zu werden?»

Wenn Ziele gemeinsam bestimmt werden, ist auch die Bereitschaft zur Kooperation größer. Wenn die Kinder das Gefühl haben, daß ein Teil des Projekts ihnen gehört, werden sie sich ein bißchen mehr anstrengen, um ihm zum Erfolg zu verhelfen. Dieser Prozeß fördert das

Gefühl der Zusammengehörigkeit und Einigkeit. Jeder erfährt, daß er zu einem umfassenden Ganzen beiträgt.

Ab und zu sollten Sie die Kinder nach ihren Vorstellungen fragen. Hier ist eine Liste von Fragen zur Anregung, auf die Sie viele aufschlußreiche Antworten bekommen werden. Probieren Sie ein paar aus.

1. Wenn du mit jemand tauschen könntest, wer wäre das?
2. Wenn du irgendwohin in Ferien fahren könntest, wohin würdest du fahren?
3. Welche berühmte Person bewunderst du am meisten?
4. Welches ist dein Lieblingsschauspieler, dein Lieblingssänger, dein Lieblingssportler?
5. Was ist dein Lieblingssport, dein Lieblingsfilm, dein Lieblingslied?
6. Was erinnerst du noch aus dem Kindergarten (oder der 2. Klasse etc.)?
7. Was würdest du an dir gerne ändern?
8. Was würdest du an der Welt verändern?
9. Was würdest du in deiner Freizeit gerne machen?
10. Wenn du eine Million Mark hättest, was würdest du damit anfangen?
11. Wenn du heimlich eine gute Tat vollbringen wolltest, was würdest du tun?
12. Wenn du ein Geschenk machen könntest, was würdest du schenken und wem?
13. Hast du einen Wunsch, den du gerne in Erfüllung gehen lassen möchtest? Magst du mir sagen, was es ist?
14. Welches Talent würdest du gerne entwickeln?
15. Was sind die wichtigsten Dinge in deinem Leben?
16. Wofür bist du am dankbarsten?

Weitere Themen könnten sein: die Schule, Bücher, die die Kinder gelesen haben, Gefühle, die Beziehungen zu Freunden, Religion, Familienleben. Der Sinn dieser Gespräche ist, herauszufinden, was in den Kindern vorgeht (Vorlieben, Abneigungen, Träume, Wünsche) und was sie damit anfangen. Die Verfolgung eines Ziels wird die Kinder darin unterstützen, ihre Zeit besser einzuteilen. Natürlich empfehle ich keinen starren Zeitplan, nur ein sanftes Dirigieren in die richtige Richtung. Man kann sehr früh damit anfangen, den Kindern planvolles Verhalten beizubringen. Im Kindergarten lernen sie z. B., ihre ausgeschnittenen Bilder erst auf dem Blatt auszulegen, bevor sie sie aufkleben. Sie lernen, erst alles, was sie brauchen, zusammenzusuchen, bevor sie ein Spiel beginnen.

Auch ein Puzzle ist eine gute Lektion für Planung. Wenn man die Teile einfach auf den Fußboden kippt und das Kind sie zusammensetzen soll, wird es schwierig. Aber wenn es einen Plan hat (das Bild des fertigen Puzzles), setzt es die Teile im Nu zusammen.

Ein kleines Kind erfährt, daß Planen einfach Vorausschauen ist – zum Beispiel das fertige Puzzlebild vor Augen zu haben. Aber ein Plan funktioniert nicht von selbst: Wenn er einmal da ist, müssen wir etwas tun. Ein Rezept befolgen, nach einem Schnittmuster nähen, ein Modell bauen, eine Geschichte schreiben, einen Geburtstag vorbereiten – all das sind konkrete Beispiele für Pläne im Leben eines Kindes. Älteren Kindern stellt man am besten Fragen, zum Beispiel: «Was hast du nächste Woche vor?» – «Was willst du gegen deine schlechte Deutschnote tun?» – «Malst du noch so gerne?» Durch die Fragen wird sich das Kind der Verantwortung bewußt, die es für sich selbst trägt. Außerdem muß es nachdenken und im voraus planen. «Male ich wirklich noch so gerne?» – «Was will ich nächste Woche tun?»

Wenn es schiefgeht

Das geschieht zwangsläufig: Ziele werden nicht erreicht; Berichte sind überfällig; Wettkämpfe werden verloren; man verspielt sich bei einem Konzert. Was dann? Wie kann man verhindern, daß Mißerfolge das Selbstvertrauen und die Selbstdisziplin untergraben, die man so geduldig aufgebaut hat? Suchen Sie nach der Ursache des Fehlers.

Spielt Julia Geige, obwohl sie lieber in der Handballmannschaft wäre? Hat Oliver ein kompliziertes Modell zusammengeklebt, ohne die Teile vorher zur Probe aneinanderzuhalten?

Achten Sie darauf, daß das Kind keine Riesenschritte macht, wenn es die kleinen Schritte noch nicht beherrscht. Achten Sie auch darauf, daß Sie das Kind nicht wie eine Erweiterung Ihrer selbst behandeln (z. B.: Sie waren gut in Mathematik, also soll es auch gut sein. Sie haben Geige gespielt, also soll es auch Geige spielen).

Manchmal fehlt dem Kind die richtige Vorbereitung für das, was es vorhat. Julian wollte mit dem Chor auftreten, aber er hat zu viele Proben versäumt. Hat Bernd eine schlechte Note für seinen Bericht bekommen, weil er die Anweisungen nicht befolgt hat?

Vielleicht hat das Kind zuviel zu tun. Hausaufgaben, Schülerzeitung, Flötenstunde, Sportverein etc. Es gibt eine Grenze für das, was man tun kann, wenn man es gut machen will.

Hat das Kind diesen Punkt erreicht?

Aus eigener Erfahrung wissen Sie, wie aufregend es ist, etwas zu tun, was man wirklich gerne tut. Aber wenn man es viele Male hintereinander gemacht hat, schwindet das Vergnügen – man muß sich für eine Weile davon zurückziehen, bis man wieder im Gleichgewicht ist.

Das kann auch Ihrem Kind passieren. Im Juli hat Patrick vielleicht keine Lust mehr zum Fußballspielen. Aber im April ist er wieder voller Begeisterung dabei.

Vergleicht sich das Kind mit anderen?

Eigentlich eine überflüssige Frage, denn selbst als Erwachsene haben wir noch mit diesem Problem zu kämpfen. Erklären Sie dem Kind trotzdem, wie unsinnig es ist, sich mit anderen zu vergleichen.

Betonen Sie die einzigartigen Eigenschaften des Kindes. Erklären Sie ihm, daß jeder Mensch auf der Welt Stärken und Schwächen hat. Keiner hat alles. Ermutigen Sie es, seine Erfolge an sich selbst zu messen. Dazu eignet sich z. B. ein Tagebuch.

Betonen Sie immer das Positive. Im allgemeinen erkennt das Kind selbst, daß es schließlich doch nicht so schlecht ist. Aber nach einer Niederlage ist es oft hilfreich, wenn man es erst einmal an seine Stärken und seine guten Eigenschaften erinnert. Tun Sie das, ohne die Niederlage zu verniedlichen. Aber helfen Sie dem Kind aus seinem Tief heraus. Nur die Zeit wird die Wunde heilen, aber das Kind braucht diese kleinen Erinnerungen, daß hinter dem vorübergehenden Scheitern ein erfolgreiches Selbst steht.

Die Zukunft beginnt jetzt

Versäumen Sie den heutigen Tag nicht, indem Sie auf eine bessere Zukunft warten. Jeder kann heute seine Zukunft gestalten, indem er sich ein Ziel sucht. Wenn Sie morgen Erfolg haben wollen, müssen Sie heute etwas dafür tun. Jetzt ist es Zeit, das Ziel anzuvisieren!

Kapitel 3
Es wird Zeit!

«Sie machen wohl Spaß! Ziele sind das wenigste, worum ich mich sorge. Ich habe genug zu tun: Die Kleine in den Kindergarten bringen, den Großen in die Schule, Putzen, Kochen, Wäsche, Bügeln, Gartenarbeit, das Auto waschen und den Hund baden. Ich spiele in einer Laienspielgruppe, helfe zweimal in der Woche ehrenamtlich in einer Drogenberatungsstelle, bin im Gemeinderat und im Elternbeirat. Ach ja, und ich arbeite ganztags. Ich bin zehn Stunden außer Haus.»

Da kann ich nur sagen: «Wow!» Dieses Szenario ist nicht so weit hergeholt, wie es klingt. Eines Tages bekam ich einen Anruf von einer Frau, die eine ähnliche Situation beschrieb und mich bat, ihr zu helfen. Sie war Witwe und mußte mit allem alleine fertigwerden.

Soweit ich mich erinnere, habe ich ihr keine Weisheiten vermittelt, aber ich weiß noch, daß mir diese Unterhaltung sehr gutgetan hat. Sie öffnete mir die Augen dafür, daß Millionen Männer und Frauen in der gleichen Situation leben. Wie kommen sie alle damit zurecht?

Aus Neugier fragte ich weiter. Ich beobachtete Menschen und fragte z. B.: «Was ist Ihr Geheimnis?» – «Was motiviert Sie, das alles zu tun?» «Wie kommen Sie mit Ihrem ausgefüllten Tagesplan zurecht?» Außerdem las ich Bücher von Fachleuten.

Meine Untersuchung führte zu zwei Ergebnissen.

Erstens: Alle erfolgreichen Systeme haben bestimmte gemeinsame Nenner. Zweitens: Niemand schafft alles! Egal, wie tüchtig jemand an der Oberfläche erscheinen mag, niemand kann alles gleich perfekt machen. Diese Supermänner und -frauen stopfen eben herumliegende Sachen schnell in einen Schrank, wenn unerwartete Gäste kommen. Sie schieben schmutziges Geschirr in den Backofen und flicken Hosen mit der Heftmaschine. Ja, diese Menschen, die Kinder, Karriere und Aktivitäten so erfolgreich miteinander verbinden, haben alle die hohe Kunst des gezielten Wegsehens erlernt. (Mehr darüber weiter unten in diesem Kapitel.)

Nun wollen wir uns einmal diese gemeinsamen Nenner ansehen. Was haben Sie schließlich mehr zu verlieren als Kopfschmerzen?

Die Menschen, die ich befragt habe, sind alle erfolgreich. Sie sind nicht unbedingt reich oder verfügen über übermenschliche Eigenschaften. Es sind normale, alltägliche Menschen, die ihre Zeit damit verbringen, Dinge zu tun, die ihnen Freude und Befriedigung vermitteln. Sie machen das Beste aus ihrem Leben.

Der erste Schritt

Der erste Schritt, darin stimmen alle überein, besteht darin, sich ein Ziel zu setzen. Man kann seine Zeit nicht planen, wenn man nicht weiß, wohin man will. Wie können Sie entscheiden, was Sie heute tun wollen, wenn Sie nicht wissen, was in dieser Woche, in diesem Monat, in diesem Jahr getan werden muß? Effektives Zeitmanagement fängt mit effektivem Zielsetzen an.

Die Kunst des Vereinfachens

Damit wenden wir uns dem zweiten Schritt zu: Machen Sie Ihr Leben einfacher. Wenn Sie Ihre Ziele im Kopf haben, können Sie entscheiden, welche Aufgaben wichtig sind und welche nicht. Den größten Teil unserer Zeit befinden wir uns in einem Wirbel von Aktivitäten – normalerweise viel mehr, als wir wirklich bewältigen können. Nur verhältnismäßig wenige bringen uns unserem Ziel näher.

Lassen Sie uns gleich zu den Anforderungen an Ihre Zeit außerhalb des häuslichen Bereichs kommen. (Im zweiten Teil dieses Buches werden wir uns über den Haushalt unterhalten und wie man die Kinder zur Mithilfe motiviert.) Schreiben Sie diese Verpflichtungen auf eine Liste.

Erinnern Sie sich jetzt an die Ziele, die Sie sich in Kapitel 2 gesetzt haben. Schreiben Sie sie neben die Liste Ihrer Aktivitäten außer Haus.

In einem Buch fand ich die treffende Frage: «Paßt Ihr Verhalten zu Ihrem Ziel?»

Lassen Sie das ein Weilchen sacken. Bringt eine dieser Außenaktivitäten Sie Ihrem Ziel näher? Das sollte das Kriterium sein, sie fortzusetzen oder fallenzulassen.

Was Sie täglich tun, sollte Sie Ihrem Ziel ein wenig näherbringen.

Wenn Sie nicht genug Zeit haben, müssen Sie vielleicht entscheiden, welche Ihrer Aktivitäten dazu wirklich geeignet sind. Ein Zeitmanagement-Gesetz (bekannt als Pareto-Prinzip) besagt, daß 80% der erwünschten Resultate mit 20% des Einsatzes erreicht werden. Also schöpfen Sie den Rahm ab und schütten Sie die Milch weg!

Wenn Sie immer wieder Sitzungen besuchen, die nirgendwohin führen und nichts erreichen, oder wenn Sie das Gefühl haben, daß bestimmte Pflichten reine Zeitverschwendung sind, fassen Sie Mut und räumen Sie diese Ärgernisse aus dem Weg!

Die Kunst des Vereinfachens für Kinder

Werfen wir nun einen Blick auf die Aktivitäten der Kinder. Manchmal ist es nötig, ein paar davon zu streichen. Ich halte Schule, Sport, Musikstunden etc. für sehr wichtig, um ihr Selbstbewußtsein zu entwickeln und ihnen Fähigkeiten zu vermitteln, aber man kann es auch übertreiben.

Warum sind die Kinder so beschäftigt? Wollen Sie bessere Eltern sein als die Schmidts nebenan? Ist es Ihnen wichtig, daß Ihre Kinder besonders erfolgreich sind? Wollten Sie immer Ballettänzerin oder was auch immer werden? Ist das Kind nur aus Gruppendruck dabei – «Alle anderen machen das auch»? Seien Sie ehrlich mit sich selbst. Kinder beziehen ihr Selbstvertrauen aus Erfolgserlebnissen. Aber auch hier nutzt sich die Wirkung durch Übersättigung ab.

Wenn die Aktivitäten der Kinder eine ernstliche finanzielle Belastung darstellen und / oder zu Hause Streitigkeiten, Streß und Unruhe erzeugen (ganz zu schweigen von zeitlichem Gedränge, das gemeinsame Unternehmungen unmöglich macht), dann fragen Sie sich, ob die positiven Ergebnisse diese Nachteile ausgleichen.

Ich weiß, dies ist ein delikates Thema, aber da ich schon einmal dabei bin, möchte ich noch etwas anderes anmerken. Mein Mann und ich haben Hunderte von Teenagern interviewt. Eine der Fragen, die wir ihnen stellten, war: «Wenn du zu Hause etwas ändern könntest, was wäre das?» Eine große Mehrheit antwortete: «Ich wünschte, meine Eltern würden nicht soviel streiten!» oder: «Ich wünschte, es wäre friedlicher zu Hause!»

Darin drückt sich der Wunsch nach weniger Konflikten im Elternhaus aus. In anderen Antworten deutete sich an, daß die Probleme zu Hause vor allem auf schlechter Zeiteinteilung beruhten.

Lassen Sie die Kinder also aktiv sein, aber innerhalb bestimmter Grenzen. Jetzt wäre ein günstiger Zeitpunkt für einen Familienrat. Erklären Sie den Kindern, daß Zeitbeschränkungen nötig sind, und lassen Sie sie dann die Aktivitäten wählen, die ihnen am wichtigsten sind.

Gezielt weglassen

Eine der Superfrauen, von denen ich sprach, ist Mutter von elf Kindern, und trotzdem scheint sie gelassen mit allem fertig zu werden. Als ich sie fragte, wie sie das schafft, antwortete sie: «Ich suche mir aus, was ich nicht machen will.» Sie plant nicht nur, was sie tun will, sondern auch, was sie nicht tun will. Ich habe ihre Methode ausprobiert und mich dazu bekehren lassen. Es ist unglaublich erleichternd, wenn man sich bewußt dafür entscheidet, etwas nicht zu tun!

Ein Haushaltsschema (siehe Kapitel 5) ist ein gutes Beispiel für bewußtes Vernachlässigen. Oft plagt mich bei der Hausarbeit mein Gewissen. «Ich sollte die Möbel abrücken und darunter saugen.» – «Staub die Regale ab!» – «Putz die Fenster!» Manchmal sage ich dann laut: «Das ist heute nicht dran!» Und sofort habe ich Frieden.

Es gibt noch einen anderen Vorteil. Werden Sie auch manchmal von Minderwertigkeitsgefühlen geplagt, wenn Sie zu Ihrer Nachbarin kommen und zwanzig Gläser eingemachte Kirschen auf dem Küchentisch stehen, frischgewaschene Laken auf der Leine hängen und der Boden frisch gewachst ist?

Ich war immer neidisch, bis ich das bewußte Vernachlässigen kennenlernte. Jetzt sage ich mir: «Ich habe den Küchenfußboden nicht gewachst, weil ich es nicht geplant hatte!»

Sie werden auch mit diesem Buch mehr Erfolg haben, wenn Sie sich bewußt entscheiden, bestimmte Vorschläge oder Ideen nicht zu übernehmen. Was für andere vielleicht eine großartige Idee ist, könnte für Sie harte Arbeit bedeuten.

Treffen Sie also bewußte Entscheidungen:

Schritt 1: Welche Ziele verfolgen Sie?

Schritt 2: Was wollen Sie vereinfachen?

Schritt 3: Setzen Sie Ihre Pläne in die Tat um. Dazu brauchen Sie ein paar Hilfsmittel.

Ihre Werkzeuge

So wie ein Tischler die besten Werkzeuge braucht, um solide Möbel anzufertigen, benötigen Sie auch Werkzeuge für die Zeitplanung. Das sind erstens ein Notizbuch und zweitens ein Familienmerker. Haben Sie nicht auch schon hundertmal gehört oder gelesen: «Machen Sie sich eine Liste der Dinge, die Sie heute tun wollen. Setzen Sie die wichtigsten nach oben und haken Sie ab, was Sie erledigt haben.» Aber wer macht das auch wirklich?

Aus meinen Untersuchungen ergab sich eine wichtige Tatsache zum Thema Planung: Jeder weiß, wie sinnvoll ein Notizbuch oder ein Terminkalender sind. Der Unterschied besteht darin, daß die Erfolgreichen sie auch wirklich benutzen!

Mein sportbegeisterter Mann hat einmal gesagt: «Ein Trainer ist dazu da, einen dahin zu bringen, wo man alleine nicht hingekommen wäre.» Das hat mir großen Eindruck gemacht.

Mein Notizbuch ist mein Trainer. Es erinnert mich an den Spielplan, und ich habe jedesmal gewonnen, wenn ich ein Ziel erreicht habe. Mein «Trainer» sagt mir, wann und was ich im Lauf des Tages erledigen muß, und so komme ich zu optimalen Ergebnissen.

Als Notizbuch verwende ich ein DIN-A 5-Ringbuch, das in verschiedene Abteilungen gegliedert ist. Die erste ist der Kalender. Für jeden Tag im Jahr gibt es zwei Seiten und außerdem zwölf Monatsblätter, so daß ich schnell einen Überblick habe. Auf der Rückseite jedes Monatsblattes notiere ich, was im Lauf des Monats erledigt werden muß, und wähle jeden Tag etwas davon aus. (Was im Juni getan werden muß, steht auf der Rückseite des Juni-Blattes usw.)

Die anderen Abteilungen meines Notizbuches enthalten Dinge, an die ich mich erinnern will. Ich habe eine Abteilung für Ziele, die ich erreichen will, eine für die Menüplanung, eine mit Listen von Büchern, die ich in der Buchhandlung oder in der Bibliothek besorgen will, und eine für Einfälle – um nur ein paar zu nennen. Alles, was ich brauche, ist an einem Platz.

Besorgen Sie sich also einen Kalender, ein Ringbuch, ein Notizbuch – irgend etwas, wo Sie Ihre Vorhaben übersichtlich beisammen haben und leicht wiederfinden können. Es sollte groß genug sein, um alles aufzunehmen, was Sie festhalten wollen, und klein genug, um es immer bei sich zu haben.

Setzen Sie Prioritäten

Wenn Sie Ihr Notizbuch haben, zwingen Sie sich dazu, es auch zu benutzen. Setzen Sie sich hin und planen Sie, was Sie am nächsten Tag erledigen wollen.

Es ist wichtig, am Ende jedes Tages den folgenden zu planen. Heute abend bin ich entschlossen, meine Ziele zu erreichen – die wichtigsten natürlich zuerst. Wenn ich erst morgens plane, sehe ich Berge von schmutzigem Geschirr und schmutziger Wäsche und ein hungriges Baby. Was werde ich mir dann wohl vornehmen? Natürlich die dringenden Dinge. Abgesehen von dem hungrigen Baby sind die anderen nicht so wichtig, obwohl auch sie getan werden müssen. Es ist einfacher, Prioritäten zu setzen, wenn man den harten Realitäten nicht direkt ins Auge sehen muß. Am Morgen überprüfen Sie Ihre Pläne noch einmal. Wenn jemand mit Fieber aufgewacht oder die Autobatterie leer ist, müssen Sie vielleicht die eine oder andere Änderung machen.

Natürlich gibt es Dinge, die getan werden müssen: Das Geschirr muß gespült, der Rasen gemäht, das Essen gekocht werden. Am besten reservieren Sie für diese «Muß»-Tätigkeiten ein paar Stunden. Manchmal müssen Sie diese Stunden vielleicht in 15-Minuten-Portionen aufteilen, vor allem, wenn Sie einige Stunden am Tag außer Haus sind. Was Sie in der vorgesehenen Zeit nicht erledigen können, verschieben Sie auf morgen, delegieren es oder lassen es einfach sein. Wenn Sie nicht aufpassen, füllen Routinearbeiten Ihre gesamte Zeit aus, und Sie haben es nur noch mit Problemen statt mit Möglichkeiten zu tun.

Wenn es Ihnen schwerfällt, täglich Prioritäten zu setzen, versuchen Sie folgendes. Fragen Sie sich: «Wenn ich nur eine einzige Sache am Tag erledigen könnte, was wäre das?» Die Antwort darauf ist dann Ihre Priorität Nummer 1. Diese Aufgabe sollte diejenige sein, die am meisten mit Ihren persönlichen Zielen zu tun hat. Dann fahren Sie fort mit: «Wenn ich zwei Dinge am Tag tun könnte...» usw. So finden Sie die Reihenfolge Ihrer Prioritäten heraus.

Auch wenn Sie eigentlich keine Zeit zum Planen haben – tun Sie es trotzdem. Sie werden feststellen, daß die Zeit, die Sie für ein Vorhaben aufwenden, proportional zu der Zeit abnimmt, die Sie auf die Planung verwenden.

Aber ich möchte Sie auch davor warnen, *alles* durchzuplanen. Lassen Sie sich Zeit zum Entspannen und für unvermeidliche Unterbrechungen. Wenn ich zum Beispiel plane, die Küche um 8 Uhr fertig zu haben, die Wäsche um 11 Uhr 15 und das Essen um 12 Uhr, neige ich dazu, die Kinder anzuschnauzen, wenn sie mich unterbrechen und mich in der Zeit zurückwerfen. Ich ärgere mich über einen Anruf, der meine Pläne durchkreuzt. Obwohl feste Zeiten wichtig sind, sollten Sie zu Hause vielleicht doch allgemeiner planen und sich z. B. vornehmen, die Küche und die Wäsche bis zum Mittagessen fertig zu haben. Eine andere bewährte Technik ist die «Das-Wichtigste-für-diese-Woche»-Methode. In der linken oberen Ecke meines Wochenüberblicks habe ich eine Rubrik, in der ich solche Dinge notiere. Es ist eine kurze Liste von Dingen, die ich am Ende der Woche erledigt haben will – die Garage aufräumen, Balkonblumen pflanzen, Wintersachen einmotten. Da ich diese Liste die ganze Woche vor Augen habe, weiß ich immer, was ich tun will. Ich kann die Garage nach und nach aufräumen, die Balkonblumen Kasten für Kasten pflanzen usw. Dies ist die beste Art, die ich kenne, Dinge ohne Zeitverlust zu tun und durch Unterbrechungen weniger frustriert zu werden.

Der Familienmerker

Zusätzlich zu Ihrem Notizbuch können Sie auch noch einen Merker für die ganze Familie benutzen. Dieser Familienmerker kann eine Monatsübersicht sein (entweder eine Tafel oder ein großes Blatt, das monatlich erneuert wird), oder Sie verwenden das Wochenschema, das Sie auf der nächsten Seite finden. Hier werden alle Termine der Familienmitglieder eingetragen (Michaels Flötenstunde, Lisas Handballturnier, Klassenreisen, Geschäftsreisen usw.) Außerdem können Sie hier vormerken, wann das Auto zum Ölwechsel muß und wann wer Geburtstag hat, sowie Verabredungen und Vorhaben wie Theater- und Zoobesuche etc.

Auch Aufgaben im Haushalt, die unter den Familienmitgliedern aufgeteilt sind, werden hier eingetragen.

Da die Küche in den meisten Familien der zentrale Raum ist, ist sie der geeignete Ort für den Familienmerker. Wenn Sie ihn nicht ständig vor Augen haben wollen, können Sie ihn auch z. B. innen an einer Schranktür aufhängen.

Mit diesem System weiß jeder in der Familie, wer wann was vorhat, man kann besser planen und vermeidet Probleme. Vergleichen Sie den Familienmerker ab und an mit Ihrem persönlichen Notizbuch, um sicherzugehen, daß beide aktuell sind. Aber wenn Ihnen zwei Systeme zu umständlich und zeitraubend sind, verzichten Sie lieber auf den Familienmerker. Ihr Notizbuch ist wichtiger.

Sorgen Sie aber dafür, daß jedes Familienmitglied Ihnen seine Termine, Verabredungen etc. mitteilt, damit Sie den Überblick behalten.

Der Familien-Organisator

Er sollte in keinem Haushalt fehlen. Es handelt sich dabei um ein Ringbuch (DIN A 4 oder DIN A 5), in dem alles festgehalten wird, was für die Familie wichtig ist.

Der Vorteil dieses Systems liegt darin, daß Sie hier alles finden, was Sie brauchen und suchen könnten. Die Notarztnummer, die Nummern des Babysitters und von Handwerkern, eine «Wo-ist»-Rubrik, wo alles von Zweitschlüsseln bis zum zentralen Wasserhahn verzeichnet ist, Geburtstage, Familienereignisse, monatliche Ausgaben usw. Wichtig ist es auch, die Telefonnummern der Freunde Ihrer Kinder zur Hand zu haben, damit Sie sie notfalls erreichen können. Ihre Lieblingsrestaurants und -kinos sollten Sie ebenfalls nicht vergessen. Richten Sie so viele Rubriken ein, wie Sie brauchen, und trennen Sie sie gut sichtbar voneinander (es gibt dafür spezielle Einlagen), damit Sie das Gesuchte auch wirklich schnell finden. Ich kann nicht genug betonen, wie hilfreich ein solches Buch ist!

Woche ______________

Anrufen	Erledigen	Verabredungen	Korrespondenz

Ziele:	Ziele:	Ziele:	Ziele:	Ziele:	Samstag ______
Montag ______	Dienstag ______	Mittwoch ______	Donnerstag ______	Freitag ______	
8	8	8	8	8	
9	9	9	9	9	
10	10	10	10	10	
11	11	11	11	11	Sonntag ______
12	12	12	12	12	
13	13	13	13	13	
14	14	14	14	14	
15	15	15	15	15	
16	16	16	16	16	
17	17	17	17	17	
18	18	18	18	18	
19	19	19	19	19	
20	20	20	20	20	

Telefonnotizen

Datum	Nachricht für	Anrufer	Telefonnummer	Nachricht

Delegieren

Der vierte und letzte Grundsatz für erfolgreiche Zeitplanung ist das Delegieren.

Im Prinzip weiß jeder, wieviel Zeit man durch Delegieren sparen kann. Viele träumen von glücklichen, liebenswürdigen Kindern, die strahlend «Ja, liebste Mama!» sagen, wenn sie einen Auftrag bekommen. In unseren Phantasien sehen wir sie freudig alle Pflichten erfüllen. Aber seien Sie ehrlich. Haben Sie jemals gehört: «Aber gerne, Mama»? Ich auch nicht. Ich höre nur täglich: «Warum muß ich hier die ganze Arbeit tun?» Und: «Aber ich hab die Unordnung nicht gemacht!» Delegieren wird unser Leben unseren Phantasien etwas ähnlicher machen. Delegieren ist ein so wichtiges Thema (und vielleicht sogar der Grund, weshalb Sie dieses Buch lesen), daß ich ihm ein eigenes Kapitel gewidmet habe. In Kapitel 8 erfahren Sie alles darüber – nachdem wir uns einen Überblick über das verschafft haben, was getan werden muß.

So, nun haben wir alles beisammen, was ein erfolgreiches Zeitplanungsprogramm ausmacht:

1. Setzen Sie sich Ziele
2. Vereinfachen Sie Ihr Leben
3. Planen Sie Ihre Aufgaben
4. Delegieren Sie

Die Behauptung, dieses Erfolgsprogramm sei einfach, wäre ebenso mißverständlich wie die Begriffe «knitterarm» oder «schmutzabweisend». Aber wenn Sie es Schritt für Schritt befolgen, ist es weder besonders anstrengend noch kompliziert. Eigentlich ist es einfach nur logisch.

Setzen Sie sich Ziele. Behalten Sie die Richtung im Auge, vereinfachen Sie Ihr Leben, teilen Sie sich die Zeit ein und delegieren Sie, was Sie können. Finden Sie nicht, daß es höchste Zeit ist?

Kapitel 4

Alltag mit Kindern

Ich weiß nicht, was mir über die Jahre mehr Kummer gemacht hat, das Wort «Igitt» oder das Wort «Aber». «Aber Mama, die Bücherei hat zu, und ich muß die Arbeit morgen abgeben.» – «Aber ich hab keine Zeit zum Üben.» – «Aber der Hund hat meine Hausaufgaben gefressen.» – «Aber ich hab keine Lust.»

Wenn Sie es einmal genau betrachten, haben Kinder eine Menge Probleme mit der Zeiteinteilung. Sie sollen am Freitag etwas mit in die Schule bringen; sie sollen bis Montag etwas lesen; sie sollen am Ende des Monats eine Arbeit abgeben; sie sollen bis Dienstag das Geld für die Klassenreise mitbringen; am Donnerstag muß das Kostüm für die Theateraufführung fertig sein; Montag nachmittag ist Flötenstunde und am Freitagnachmittag Karate. Wenn zu diesem Labyrinth noch Arzttermine, Sportveranstaltungen, Verpflichtungen im Haushalt und die Dinge kommen, die die Kinder einfach gern tun, dann stellt man fest: Kinder sind beschäftigt.

Meine Hauptsorge als Mutter ist, daß die Kinder ihre Zeit sinnvoll nutzen. Wenn sie etwas Konstruktives tun, bin ich nicht so besorgt wie bei zusätzlichen Hausaufgaben. Für mich ist das wichtigste, daß sie sich verantwortlich und wichtig fühlen.

Zeitplanung für Kinder

Wenn sich auch unsere Grundauffassungen vielleicht unterscheiden, werden Sie vermutlich doch mit mir darin übereinstimmen, daß es wichtig ist, daß die Kinder lernen, ihre Zeit sinnvoll einzuteilen. Lassen Sie uns noch einmal die Zeiteinteilungs-Erfolgsformel im Hinblick auf Kinder betrachten.

Schritt 1: Ziele setzen. Ich will mich hier nicht wiederholen. Lesen Sie, falls nötig, noch einmal Kapitel 2 durch und bringen Sie dem Kind bei, sich sinnvolle Ziele zu setzen.

Schritt 2: Das Leben vereinfachen. Auch das muß nicht noch einmal wiederholt werden. Setzen Sie sich mit dem Kind hin, verschaffen Sie sich einen Überblick über seine Verpflichtungen und überlegen Sie, was es möglicherweise aufgeben oder verändern kann.

	Aufträge	Pflichten	Aktivitäten	Verab-redungen	Ich möchte
MONTAG					
DIENSTAG					
MITTWOCH					
DONNERSTAG					
FREITAG					
SAMSTAG					
SONNTAG					

Schritt 3: Planung. Natürlich wäre es ideal, wenn jedes Kind selbst einen Terminkalender hätte, aber ich weiß aus eigener Erfahrung, daß dazu wenig Chancen bestehen. Doch das ist kein Grund, gleich aufzugeben. Die Kinder sollen trotzdem lernen, ihre Zeit unabhängig und eigenverantwortlich zu planen. Hier ist ein Programm, das die Kinder allmählich zu diesem Ziel führt.

Jedes Kind braucht ein DIN-A 4-Blatt, das in fünf Kategorien eingeteilt ist: Hausaufgaben, Haushaltspflichten, Aktivitäten, Verabredungen und Wünsche. Jede Kategorie wird in tägliche Abschnitte unterteilt, so daß das Blatt die ganze Woche auf einen Blick zeigt. Sie werden feststellen, daß das eine Kind das Blatt mit in die Schule nimmt, um seine Hausaufgaben einzutragen, während ein anderes es lieber zu Hause behält.

Setzen Sie sich einmal in der Woche mit den Kindern zusammen (günstig ist der Sonntagnachmittag, bevor die neue Woche beginnt) und lassen Sie sie eintragen, was in der nächsten Woche dran ist. Achten Sie darauf, daß sie auch etwas in die Wunsch-Rubrik eintragen. Das wird sie motivieren und belohnen. Machen Sie diese wöchentlichen Planungssitzungen zu einem Ritual. In den ersten Wochen wird es einfach sein, weil Sie selber voller Enthusiasmus sind und es für die Kinder neu und aufregend ist.

Wenn der Reiz des Neuen verblaßt ist, wird es vielleicht ein bißchen schwieriger. Aber geben Sie nicht auf. Wenn Sie daran festhalten, entwickelt sich eine neue Gewohnheit für Sie und die Kinder. Jedes Programm funktioniert, wenn Sie etwas dafür tun. Wenn es nicht klappt, liegt es nicht am Programm, sondern an Ihnen selber. Anfangs wird es Sie ein bißchen Zeit kosten, aber auf lange Sicht gewinnen Sie um so mehr.

Wenn die Kinder älter werden und unabhängiger sein wollen, können Sie zu einem System übergehen, das weniger elterlicher Führung bedarf. Dann können sie selbst einen Kalender, ein Notizbuch oder einen Planer verwenden (ähnlich wie Ihrer, aber nach ihren Bedürfnissen gestaltet).

Schritt 4: Delegieren. Ich weiß, daß Sie dazu viele Fragen haben: «Was mache ich, wenn die Kinder nicht planen wollen?» – «Wie habe ich Erfolg beim Delegieren?» – «Was mache ich, wenn mein 15jähriger sich keine Ziele setzen möchte?» (In Kapitel 8 gehe ich genauer auf diese Probleme ein. In Kapitel 9 sage ich Ihnen, was Sie tun können, wenn alles andere nicht funktioniert.)

Aber entscheidend ist das Verhältnis zwischen Ihnen und Ihren Kindern. Wenn Sie Vertrauen zu ihnen haben und kooperativ sind, werden die Kinder es ebenfalls sein.

Natürlich kann man niemand zu etwas zwingen, was er nicht will. Als Erwachsene können Sie aber ein Beispiel geben und das Kind immer wieder ermutigen. Ermutigen heißt nicht, daß Sie das Kind ständig erinnern oder ermahnen, sondern daß Sie ihm Ihre Erfahrung zur Verfügung stellen und Ihre Unterstützung anbieten.

(Auch wenn Sie selbst Schwierigkeiten mit einer verhältnismäßig starren Planung haben, können Sie mit dem einfacheren Schema anfangen, das mehr Raum für Spontaneität und Improvisation läßt.)

Nun wollen wir uns die Bereiche anschauen, in denen Planung für die Kinder wichtig ist.

Hausaufgaben: Hilfsmittel und Material

Hausaufgaben sind notwendig, aber sie sind auch eine Plage. Schon die Erstkläßler müssen zu Hause Lesen und Schreiben üben und Rechenaufgaben lösen. Und mit den Jahren wird es immer schlimmer. Die Aufgaben werden schwieriger, nehmen mehr Zeit in Anspruch und verursachen eine Menge häuslichen Ärger. Aber solange die Kinder zur Schule gehen, wird es Hausaufgaben geben, und deshalb muß man das Beste daraus machen.

Es gibt einiges, womit Sie den Kindern und sich selbst die Hausaufgaben erleichtern können.

Ihre Rolle dabei ist:

1. Fragen Sie, ob das Kind Hausaufgaben machen muß.
2. Zeigen Sie ihm Ihr Interesse, indem Sie es mit den notwendigen Materialien versorgen.
3. Schaffen Sie eine Umgebung, in der es gut arbeiten kann.
4. Zeigen Sie ihm, wie man lange, schwierige Aufgaben zerlegt.

Sorgen Sie dafür, daß genug Bleistifte, Papier etc. zur Verfügung stehen. Außerdem sollten Sie eine kleine Bibliothek im Haus haben: ein Wörterbuch, einen guten Atlas und mindestens ein gutes Kinderlexikon, das der Altersgruppe des Kindes entspricht.

Sammeln Sie außerdem Zeitungsartikel zu Themen, die auch Kinder und Jugendliche interessieren und die in der Schule behandelt werden:

Computertechnik, Biotechnologie, Ökologie, Geschichte, Literatur, Medizin, Musik, Sport etc. Zeigen Sie dem Kind, wie man eine öffentliche Bibliothek benutzt, damit es sich dort bei Bedarf Literatur zu einem Thema besorgen kann.

Aus Zeit- und Platzgründen sollten Sie Material aber nicht wahllos hamstern, «weil es vielleicht irgendwann nützlich sein könnte». Am besten informieren Sie sich regelmäßig über den Lehrplan und suchen dann gezielt.

Außerdem sollten Sie Blei- und Buntstifte, Filzstifte, Papier, Radiergummis, Klebstoff, Klebeband, Heftklammern, Lineal, Sammelmappen und einen Bleistiftanspitzer bereithalten. Denn nichts ist frustrierender, als in letzter Minute ins Schreibwarengeschäft rasen zu müssen, weil etwas fehlt.

Hausaufgaben mit System

Das Erledigen der Hausaufgaben hängt wesentlich von Ihrem und dem Zeitplan der Familie ab. In manchen Familien wird darauf bestanden, daß die Aufgaben direkt nach der Schule gemacht werden, andere warten bis nach dem Abendessen. Aber wie Ihr Programm auch aussehen mag, halten Sie es ein. Machen Sie die Hausaufgaben zu einem Teil des kindlichen Tagesablaufs, damit es sich an eine gewisse Routine gewöhnt. Sonst gibt es jedesmal zermürbende Diskussionen.

Der Platz für die Hausaufgaben sollte zum Lernen geeignet sein. Bei uns machen die Kinder gewöhnlich ihre Hausaufgaben in der Küche, während ich das Abendessen vorbereite. Es ist schön für die Kinder, wenn jemand in der Nähe ist, dem sie Fragen stellen oder etwas erzählen können, das sie gerade gelernt haben.

Wenn die Kinder ihre Hausaufgaben in einem zentralen Raum machen (Küche, Wohnzimmer etc.), brauchen Sie nur eine Grundausstattung. Sitzt jedes woanders, sucht immer eins nach dem Wörterbuch oder dem Atlas, oder Sie müssen alles doppelt anschaffen.

Die Aufbewahrungsmöglichkeiten für die Schulmaterialien müssen nicht aufwendig sein. Die Materialsammlung kann in einem Aktenordner untergebracht werden oder in einzelnen Mappen, die in einem Kasten aufbewahrt werden. In Schreibwarengeschäften oder Kaufhäusern finden Sie bestimmt das Richtige. Papier kann in einem tragbaren Behälter aufbewahrt werden, wenn keine Schublade dafür frei oder kein Platz im Regal vorhanden ist. Oder sie verwenden Kisten, die unter die Betten passen. Fahrradkörbe sind ideal zur Aufbewahrung von Utensilien, weil man sie aufhängen kann. Stifte etc. kommen am besten in eine unterteilte Schublade oder z. B. in einen Besteckkasten. Wichtig ist, daß alles seinen festen Platz hat, damit es jederzeit zu finden ist.

Pflichten im Haushalt

Im nächsten Kapitel werden wir uns eingehender mit der Hausarbeit befassen, deshalb möchte ich jetzt nicht in die Einzelheiten gehen. Soweit es die Zeitplanung der Kinder betrifft, ist es für sie wichtig zu wissen, was Sie von ihnen erwarten. Wissen Sie, wie frustrierend es ist, wenn Sie den Kopf voller Pläne und Ideen haben und Ihnen jemand plötzlich einen zusätzlichen Auftrag gibt? (Wenn Ihr Chef Ihnen um fünf einen dringenden Vorgang auf den Schreibtisch legt, wenn abends unerwartete Gäste kommen usw.) Nun, Kindern geht es genauso. Bereiten Sie sie rechtzeitig vor, damit sie ihre Pläne und Ideen mit den Aufgaben, die Sie für sie haben, in Einklang bringen können. Gehen Sie mit den Kindern genauso respektvoll um, wie Sie es für sich selbst auch erwarten.

Ich möchte...

Ich kann mir nicht vorstellen, daß ich mein Leben genießen würde, wenn ich nicht vieles tun könnte, was ich gerne mache. Diese Aktivitäten sind notwendig und machen das Leben lebenswert. Achten Sie darauf, daß Ihre Kinder nicht in einen strengen Zeitplan eingespannt sind, aus dem es kein Entrinnen gibt.

Ich weiß, daß Kinder in der heutigen Zeit des Leistungsdrucks, der Computer und der rasanten Entwicklungen kaum noch die Chance haben, Kinder zu sein.

Mißverstehen Sie mich nicht. Ich habe nichts dagegen, wenn ein Kind aufs Gymnasium und später auf die Universität geht, aber ich finde, es sollte auch Kind sein dürfen. Die Zeit, die es dem widmet, was es wirklich tun möchte, ist ein wichtiger Teil seines Lebens. Wir müssen nur darauf achten, daß es seine Kräfte richtig verteilt.

Im Leben der Kinder sollten fünf Bereiche in einem ausgewogenen Verhältnis zueinander stehen: Hausaufgaben, Mithilfe im Haushalt, Aktivitäten, Verabredungen und die Dinge, die es tun möchte. Ihre Aufgabe dabei ist es, immer wieder dafür zu sorgen, daß sie nicht aus dem Gleichgewicht geraten.

Teil zwei

Familienbetrieb Haushalt

Kapitel 5

Saubermachen mit System

Ab und zu sieht man ein Foto von einer Mutter mit einem Schild, auf dem steht: «Ich streike!» Es scheint so, als ob allenthalben Mütter an die Öffentlichkeit treten, um gegen die Hausarbeit zu protestieren.

Denn alles, was über Hausarbeit gesagt wird, ist wahr: Sie ist wie auf der Stelle treten; sie ist wie Perlen auf eine Schnur ziehen, an deren Ende kein Knoten ist; sie ist wie ständiges Trainieren, ohne daß man jemals an einem Wettkampf teilnimmt. Und wenn man mit allem fertig ist, fängt das Ganze wieder von vorne an. Kein Wunder, daß Eltern allenthalben mit Streik drohen!

Zugegeben, Hausarbeit ist ein lausiger Job. Aber ich fürchte, daß falsche Arbeitsmethoden sie noch unerträglicher machen. Erst wenn Sie die Hausarbeit unter Kontrolle haben, wird sie ihre Schrecken verlieren.

Im Prinzip machen wir zwei Fehler:

1. Wir benutzen zu wenig arbeitserleichternde Techniken.
2. Wir planen nicht gut genug.

Und obwohl ich diese beiden Fallen kenne und versuche, meine Arbeit zu vereinfachen und meine Zeit zu planen, weiß ich, daß selbst ich noch vieles verbessern kann.

Nun verspreche ich Ihnen nicht, daß Sie Ihren Putztag freudig erwarten werden, wenn Sie dieses Kapitel gelesen haben. Aber ich kann Ihnen versichern, daß Sie Ihren Haushalt besser im Griff haben und entdecken, wieviel Spaß Hausarbeit machen kann. Das können Sie erreichen, wenn sie die sechs Grundtechniken der Arbeitsvereinfachung befolgen.

Machen Sie sich's leicht

Die Techniken der Arbeitsvereinfachung können Sie in allen Bereichen anwenden – vom Frühstückmachen bis zur Steuererklärung. Diese sechs Grundsätze sind einfach und logisch:

1. Erst denken, dann handeln
2. Ballast abwerfen
3. Sortieren und Zentralisieren
4. Rationalisieren
5. Vorteile nutzen
6. Tagesprogramm einhalten

Erst denken, dann handeln

Das beinhaltet zweierlei: Zunächst müssen Sie nachdenken, bevor Sie etwas tun, und sei es eine Routineangelegenheit. Und zweitens bedeutet es im weiteren Sinn, daß Sie Ihre Arbeit im voraus planen und einteilen. Lassen Sie uns diese beiden Grundsätze noch näher betrachten.

Fragen Sie immer «Warum?»

«Warum ist das notwendig?» – «Warum an dieser Stelle?» – «Warum zu dieser Zeit?» – «Warum muß ich das machen?» «Warum auf diese Weise?»

Jedesmal, bevor Sie den Besen, den Staubsauger, das Staubtuch ergreifen, fragen Sie sich: «Warum?» Das meiste tut man aus Gewohnheit und nicht bewußt, wie es sein sollte (und sein wird, wenn Sie anfangen, die Techniken der Arbeitserleichterung anzuwenden). Vor einiger Zeit fing ich einen Kursus an, der mittwochvormittags stattfand. Der Mittwoch ist ein ungünstiger Tag für mich, aber der Kursus wurde nur an diesem Tag angeboten. Also tat ich mein Bestes. Jeden Mittwoch stand ich früher auf, um aufzuräumen und die Wäsche zu machen, damit ich zum Kursusbeginn um zehn fertig war. Es ist nicht einfach, die Wäsche für sieben Personen bis zehn Uhr fertigzuhaben, aber ich arbeitete wie eine Verrückte, weil ich wußte, daß ich hinterher nicht mehr dazu kommen würde.

Die Mittwochvormittage wurden so hektisch, daß ich schon daran dachte, den Kursus aufzugeben. Aber die Frage «Warum?» rückte alles wieder in die richtige Perspektive. Warum war der Mittwoch so chaotisch? Hauptsächlich, weil ich mittwochs die Wäsche machte und es kaum möglich war, sie bis zehn Uhr fertig zu haben.

Die nächste logische Frage war: «Warum wasche ich am Mittwoch?» Der einzige Grund, an den ich mich erinnern konnte, war, daß ich vor Jahren willkürlich beschlossen hatte, am Mittwoch zu waschen. Ich hatte immer mittwochs gewaschen. Damit hatte ich meinen Irrtum entdeckt. Ich hatte überhaupt keinen Grund dafür, am Mittwoch zu waschen. Ich brauchte nur den Waschtag zu verlegen, um am Mittwoch genug Zeit für meinen Kursus zu haben.

Gewohnheiten sind angenehm. Sie geben uns das sichere Gefühl, daß alles seine Ordnung hat. Aber dieses Gefühl trügt. Wenn Sie das Gefühl haben, sich anzustrengen, ohne daß Sie viel erreichen, dann fragen Sie sich: «Warum?» Wenn Sie mitten im Chaos stecken, fragen Sie sich: «Warum?» Dann finden Sie heraus, ob eine Arbeit wirklich notwendig ist oder wie Sie Ihre Arbeitsmethoden verbessern können.

Zunächst mag Ihnen das Infragestellen der Routine zu künstlich vorkommen und lästig sein – aber bleiben Sie dabei. Bald wird es zu einem ganz natürlichen Verfahren, das die Arbeitsvereinfachung zu einem ständigen Prozeß macht.

Wie meine Mittwochmorgengeschichte zeigt, müssen Sie Ihre Art und Weise, etwas zu tun, ändern, wenn sich Ihre Lebensumstände ändern. Und verlassen Sie sich nicht darauf, daß Sie sich zurücklehnen können, wenn alles erst einmal richtig läuft.

Fangen Sie heute an – jetzt gleich! Fragen Sie sich «Warum?» und denken Sie nach, bevor Sie etwas tun. Ich habe herausgefunden, daß Arbeitsvereinfachung zu besserer Kooperation in der Familie führt, weil die Arbeiten bequemer und zugleich schneller erledigt werden können – und das ist ungeheuer anspornend!

Hausarbeit ist halb so schlimm!

Ein Haushalts-Zeitplan ist ein absolutes Muß, auch wenn er nicht befolgt wird! Schlampige brauchen Pläne, damit sie wissen, wann sie anfangen müssen. Perfektionisten brauchen Sie, damit sie wissen, wann es Zeit ist aufzuhören. Es gibt Wichtigeres im Leben als Hausarbeit, und das vergessen Perfektionisten manchmal.

Das Leben ist zu kurz, um es mit dem Saugen von Matratzen oder dem Klopfen von Teppichen zu verbringen, damit kein Schmutz aus der Wohnung getragen wird. Und wen interessiert es, ob die Tassenhenkel alle in die gleiche Richtung zeigen?

Wer einen Plan nicht einhalten kann, braucht ebenfalls einen. Zuerst kann man ihn als Führer benutzen – eine Liste, aus der man sich etwas heraussucht. Oder man kann den Plan eine Stunde lang einhalten. Es geht einfach darum, daß Sie Ihre Aktivitäten so steuern, daß Sie nicht unter die Räder kommen, sondern am Steuer sitzen.

Eins der größten Probleme bei der Hausarbeit ist, daß sie niemals fertig ist. Sie können stundenlang arbeiten und doch das Gefühl haben,

Sie hätten nichts erreicht. Ein Plan beseitigt diese Frustrationsgefühle, weil er Ihnen sagt, wann sie genug getan haben. Die Arbeit mag nicht fertig sein, aber Sie sind fertig! Die Arbeit für Montag kann getan werden, die für Dienstag usw. Natürlich müssen auch noch andere Dinge erledigt werden – aber die sind an einem anderen Tag dran. Sie können jeden Tag einen Punkt erreichen, an dem Sie sagen: «Ich bin fertig!»

Etwas zu Ende bringen ist eine Technik, die von vielen Zeitmanagement-Experten empfohlen wird. Es erhöht Ihren Energiepegel, unterstützt Ihre Konzentrationsfähigkeit, und Sie fühlen sich erfolgreicher, motivierter und zufriedener. Wenn Sie alles getan haben, was heute auf dem Plan stand, können Sie sich auf das konzentrieren, was Sie getan haben statt auf das, was Sie nicht getan haben.

Ich glaube, der schlechte Ruf der Hausarbeit rührt daher, daß die meisten sie nicht planen. Man hat niemals das Gefühl, fertig zu sein. Das nagt an unserem Geist und an unserer Energie. Wir erklären, Hausarbeit sei langweilig, unbefriedigend und unter unserem Niveau, während wir sie in Wirklichkeit dazu gemacht haben. Kein Wunder, daß wir Probleme haben, die übrige Familie zur Mitarbeit zu bewegen. Pläne regulieren die Hausarbeit, so daß bestimmte Bereiche nicht zu oft geschrubbt und andere nicht ganz vergessen werden. Ein sauberes, gut organisiertes Zuhause bietet zusätzliche Freizeit, an der die ganze Familie teilhat.

Ein übertrieben ordentliches Heim dagegen ist genauso ungemütlich wie ein ungepflegtes. Wenn man nur in abgegrenzten Bezirken sitzen, stehen oder herumlaufen darf, kann sich niemand wohlfühlen. Das Zuhause sollte ein aufgeräumter, gemütlicher Ort sein, an dem Sie und andere sich wohlfühlen; ein Ort, an dem sich jeder willkommen fühlt. Wie schafft man eine solche Umgebung?

Zwänge oder Pläne?

Pläne scheitern aus vielerlei Gründen. Zum Beispiel messen wir uns zu sehr an den Normen anderer. Und dann ist da natürlich immer die drohende Gefahr, daß unerwarteter Besuch kommt. Aber was ist so schlimm daran, wenn man entdeckt, daß Sie in einer Wohnung leben und nicht in einem Museum? Es ist einfach blühender Unsinn, daß eine Wohnung für Besucher ordentlicher sein muß als für die Familie, die darin lebt.

Ein anderer Grund für das Versagen von Plänen kann sein, daß wir vergessen, «Warum?» zu fragen, wenn sich an unseren Lebensumständen etwas ändert. Wenn Sie ein Baby bekommen oder umziehen, müssen Sie Ihren Plan überdenken und korrigieren. Da sich im Leben dauernd etwas ändert, müssen Sie auch Ihren Plan ständig aktualisieren.

Oft scheitern Pläne auch daran, daß wir alles überorganisieren, weil wir glauben, wir schaffen dann an einem Tag mehr, als wir wirklich können. Oder wir planen so, als hätten wir Todesangst vor Schmutz: «Herdschalter viermal wöchentlich reinigen. Montags, mittwochs und freitags Krümel aus dem Toaster holen. Zweimal in der Woche Vorhangschienen abwischen.» Sie stimmen mir sicher zu, daß mit dieser Einstellung das Scheitern vorprogrammiert ist.

Sie müssen sich darüber im klaren sein, daß man Sie allein – sofern Sie eine Frau sind – loben oder für das Scheitern Ihrer Pläne verantwortlich machen wird. Noch nie habe ich gehört: «Herr W. ist ein schlechter Hausmann. Gehört habe ich höchstens: «Richtige Männer putzen keine Badezimmer.» (Wenn sie einen «richtigen» Mann kennen, der das tut, lassen Sie es mich wissen.)

Lassen Sie uns einen realistischen, ausführbaren Plan machen und sehen, ob Sie nicht jemand zur Mithilfe ermuntern können.

Grundsätzlich gibt es fünf Bereiche, mit denen Sie es täglich zu tun haben:

1. Aufräumen (einschließlich Bettenmachen)
2. Wäsche
3. Mahlzeiten
4. Geschirr
5. Badezimmer

Wenn Sie sich vor unangemeldeten Besuchern fürchten, sollten Sie noch einen sechsten Punkt aufnehmen: den Flur.

Wenn Sie und Ihre Helfer diese Bereiche in Ordnung halten können, haben Sie die wichtigsten Aufgaben im Haushalt bereits erledigt. Wenn Sie zusätzlich noch berufstätig sind, sind diese fünf oder sechs Dinge das einzige, worum Sie sich kümmern müssen. Ich weiß, das ist schwer vorstellbar. Viele von uns haben noch Ihre Großmütter vor Augen, die jeden Montag große Wäsche hatten, gestärkte und gebügelte Gardinen an blitzblanken Fenstern aufhängten und im Frühling und im Herbst wie besessen großreinemachten. Aber sicher ist es nicht einfach, die alten Normen über Bord zu werfen, und wir sollten es vielleicht auch nicht gänzlich tun.

Denken Sie ab und zu daran, daß Sie viel mehr zu tun haben als Ihre Eltern oder Ihre Großeltern, und daß es andere Ziele im Leben gibt, als jemand sagen zu hören: «Dieses Haus ist eine Puppenstube!» oder: «Hier könnte man vom Fußboden essen!»

Außerdem sind unsere Wohnungen heute grundsätzlich sauberer als früher. Wir haben Staubsauger, die die Fußböden sauberhalten. Es gibt Teppichböden, kaum noch Öfen, befestigte Straßen, Putzmittel. Wir leben in einer Zeit, in der immer neue, bessere und zeitsparendere Produkte uns das Leben erleichtern. Und trotzdem glauben wir oft immer noch, wir müßten uns verhalten wie unsere Großmütter.

Wenn Sie sich überfordert fühlen, sollten Sie vielleicht weniger perfektionistisch sein. Üben Sie das gezielte Weglassen. Entscheiden Sie, was Sie gründlich machen wollen (die fünf oder sechs Bereiche, von denen ich oben sprach), und benutzen Sie alles, womit Sie Ihren Zeitaufwand verringern können. Man kann auch eine Norm für eine Weile außer Kraft setzen und sie später wieder einführen, wenn die Situation sich geändert hat. (Solange Sie ganztags arbeiten, solange Sie ein krankes Kind pflegen müssen, solange Sie an einem größeren Projekt sitzen oder Ihre Kinder noch unter drei sind, können Sie vielleicht die Bettwäsche alle 14 Tage statt wöchentlich wechseln, einmal in der Woche staubsaugen und -wischen usw.) Wenn Sie wollen, können Sie Ihre alten Gewohnheiten aufnehmen, sobald wieder der «Normalzustand» eingetreten ist.

Der Haushaltsplan

So, jetzt höre ich auf zu predigen und biete Ihnen konkrete Hilfe an. Sie brauchen einen Haushaltsplan, der für Sie maßgeschneidert ist. Einen Plan, der berücksichtigt, wie groß Ihre Familie ist, wie groß Ihre Wohnung ist, wieviel Zeit Sie zu Hause verbringen, wieviel Hilfe sie mobilisieren können, wieviel Energie Sie haben und was Ihnen wichtig ist. Gehen Sie jeden Raum Ihrer Wohnung durch und schreiben Sie auf, was Ihrer Meinung nach alles getan werden muß, um ihn sauberzuhalten. Dann wird besprochen, wer für jede dieser einzelnen Arbeiten verantwortlich ist.

Das ist eine einfache, narrensichere Methode, die noch einfacher wird, wenn Sie das Planungsschema (S. 58) verwenden.

So benutzen Sie das Planungsschema:

1. Machen Sie für jeden Raum Ihrer Wohnung eine Fotokopie des Schemas. Wenn Sie ein Haus bewohnen, vergessen Sie auch Keller, Dachboden und evtl. die Garage und den Geräteschuppen nicht.
2. Gehen Sie jeden Raum durch und legen Sie fest, was gemacht werden muß, um ihn gründlich zu reinigen. Lesen Sie das Formular durch und machen Sie jeweils einen Haken hinter die entsprechende Tätigkeit. Alles, was Sie im Schema nicht finden, tragen Sie in die Spalte «Ergänzungen» ein.

Der Haushaltsplan

?	#	✓	
			Wände:
			Abstauben
			Abwaschen
			Scheuerleisten reinigen
			Heizungen abwischen
			Schalter / Steckdosen abwischen
			Türen abwischen
			Türgriffe abwischen
			Türgriffe polieren
			Fußböden:
			Staubsaugen
			Fegen
			Wischen
			Wachsen
			Teppiche saugen
			Teppiche reinigen
			Decken:
			Abstauben
			Abwaschen
			Lampen und Dekorationen:
			Anschlüsse reinigen
			Schirme etc. reinigen
			Bilder abstauben
			Dekorationsgegenstände abstauben
			Dekorationsgegenstände feucht reinigen
			Wandbehänge staubsaugen

?	#	✓	
			Spiegel reinigen
			Fenster:
			Jalousien abstauben
			Jalousien abwaschen
			Vorhänge staubsaugen
			Fenster putzen
			Fensterbretter abstauben
			Fensterbretter abwischen
			Regale, Schubladen, Schränke:
			Aufräumen
			Ausräumen und auswischen
			Türen polieren
			Aussortieren
			Möbel:
			Abstauben
			Polieren
			Polster saugen
			Polster reinigen
			Matratzen saugen
			Matratzen wenden
			Bad:
			Waschbecken auswischen
			Waschbecken scheuern
			Armaturen polieren
			Toilette putzen

?	#	✔	
			Badewanne / Dusche auswischen
			Badewanne / Dusche scheuern
			Küche:
			Kühlschrank aufräumen
			Kühlschrank ausräumen / putzen
			Kühlschrank abtauen
			Gefriertruhe abtauen/ reinigen
			Kühlschrank / Gefriertruhe abwischen
			Herd abwischen
			Herd putzen
			Backofen reinigen
			Mikrowellenherd reinigen
			Waschmaschine / Trockner abwischen
			Spülmaschine abwischen
			Mülleimer reinigen
			Verschiedenes:
			Alles an seinen Platz räumen
			Mülleimer leeren

?	#	✔	
			Blumen gießen
			Boiler abwischen
			Bücher abstauben
			Post erledigen
			Sortieren
			Ablage
			Staubsaugerbeutel leeren/auswechseln
			Flicken
			Bügeln
			Saisongarderobe sortieren, reinigen
			Waschen / Bügeln:
			Kleidung
			Laken
			Bettwäsche
			Matratzenauflagen
			Wischlappen
			Duschvorhang
			Badezimmerteppich
			Ergänzungen

3. In der mit # gekennzeichneten Spalte tragen Sie ein, wie oft diese Arbeit gemacht werden soll: T = täglich, W = wöchentlich, M = monatlich oder J = jährlich.
4. In der mit «?» gekennzeichneten Spalte tragen Sie ein, wer für diese Tätigkeit verantwortlich ist. (In Kapitel 8 finden Sie Anhaltspunkte dafür, wer was tun kann.)
5. Wenn alle Blätter komplett sind, können Sie:
   - In jedem Raum das entsprechende Schema aufhängen.
   - Alle täglich, wöchentlich, monatlich oder jährlich anfallenden Arbeiten auf einem Blatt zusammenfassen und dies als Plan benutzen.

- Jede Arbeit einzeln auf einer Karteikarte notieren und nach täglich, wöchentlich usw. sortieren.
- Alle Schemablätter zu einem Riesenposter zusammenkleben und so aufhängen, daß alle Familienmitglieder sich schnell informieren können.

VORSICHT: Dieses Planungsschema soll ganz unterschiedlichen Vorstellungen genügen. Während Sie vielleicht noch nie daran gedacht haben, die Oberkanten der Türen abzuwischen, gehört das für andere zur liebgewordenen täglichen Routine. Und manche können nachts nicht schlafen, wenn sie wissen, daß die Matratze nicht gewendet ist.

Ich bin weit davon entfernt, von Ihnen zu erwarten, daß sie alle aufgeführten Arbeiten tun sollten. Im Gegenteil, wenn Sie das wirklich alles machen wollten, würde man nie wieder etwas von Ihnen sehen oder hören! Sie sollen es sich ja so einfach wie möglich machen, das heißt, nur das wirklich Notwendige tun!

Großreinemachen ohne Streß

Gelegentlich ist ein wenig mehr notwendig als die tägliche Routine. Auch wenn der Hausputz im Frühjahr und im Herbst der Vergangenheit angehört, ist es trotzdem von Zeit zu Zeit notwendig, Vorhänge, Teppiche und Möbel zu reinigen, Fenster zu putzen, etwas zu streichen oder zu reparieren. Bei dem Tempo, in dem wir leben, scheint es unmöglich, genug Zeit für diese Arbeiten zu erübrigen. Daher tun viele einfach gar nichts und warten auf den «richtigen Zeitpunkt». Und dann wird es auf einmal dringlich.

Warten Sie also lieber nicht so lange. Wenn Sie nicht genug Zeit haben, alle Arbeiten auf einmal zu tun, dann zerlegen Sie sie in kleine Portionen. Wenn sich jeden Tag eine halbe Stunde abzweigen läßt, sollten Sie ein Zimmer innerhalb einer Woche auf Hochglanz bringen können. Obwohl das nicht die ideale Methode des Großreinemachens ist, ist es doch besser, als gar nichts zu tun. Und Sie müssen nicht Ihre kostbaren Urlaubswochen für den Hausputz opfern.

Und vergessen Sie nicht den ersten Grundsatz der Arbeitserleichterung – denken Sie nach, bevor Sie anfangen: Was wollen Sie tun, und wie wollen Sie es tun? Überlegen Sie sich einfachere und schnellere Methoden. (Eine Fundgrube dazu ist Don Asletts Buch: «Putzen mit Köpfchen», erschienen im Cadmos Verlag.) Und wenn Sie Ihre Hausarbeiten dann auch noch planen, haben Sie einen großen Schritt zum erfolgreichen Organisieren Ihres Lebens getan!

Kapitel 6
Schaffen Sie Ordnung

Gibt es in Ihrer Wohnung Ecken, die aussehen wie ein Flohmarkt? Haben Sie Schubladen voller henkelloser Tassen und leerer Batterien (oder sind sie vielleicht doch nicht leer??), kaputter Sonnenbrillen, Bindfadenreste, alter Kalender und Flaschen mit eingetrocknetem Nagellack? (Gewöhnlich haben Sie bereits den Versuch gemacht, die Schublade zu unterteilen – der Beweis, daß Sie bereits angefangen haben, systematisch Ordnung zu halten, aber nicht dabei geblieben sind.)

Stopfen Sie Sachen in Ecken und Schränke, weil Sie woanders keinen Platz dafür haben? Müssen Sie erst herumkramen, wenn Sie etwas suchen? Verzweifeln Sie nicht! In diesem Kapitel finden Sie Rat und Hilfe. Lassen Sie uns gründlich aufräumen. Die erste Arbeitserleichterungstechnik kennen Sie ja bereits: Erst denken, dann handeln. Jetzt lernen Sie die zweite kennen: Ballast abwerfen.

Unordnung ist heilbar

Unordentlich ist jemand, der noch schlampiger ist als Sie selbst. Jemand, der unordentlich ist, sammelt Dinge, die er nicht gebrauchen, einfrieren, wiederverwenden oder reparieren kann. Jemand, der unordentlich ist, läßt alles fallen, wenn er mit einer Tätigkeit fertig ist, und glaubt, ordentliche Menschen sind nur zu faul zum Suchen.

Für Unordnung gibt es viele Gründe. Oft sind es wohlmeinende Eltern, die alles hinter ihren Kindern wegräumen. Ein Kind, das so aufwächst, glaubt, daß andere sich immer um alles kümmern, und behält dieses Verhaltensmuster ein Leben lang bei. Umgekehrt können Kinder sich daran gewöhnen, Unordnung zu ertragen, wenn sie in einer unordentlichen Umgebung leben. Und auch diese Gewohnheit nehmen sie in ihr Erwachsenenleben mit.

Manche Menschen wehren sich gegen die makellose Ordnung, mit der sie aufgewachsen sind, andere lehnen nur bestimmte Tätigkeiten ab. So erzählte mir eine Frau, daß sie in ihrem Leben nie wieder Türgriffe polieren würde: Das mußte sie als Kind immer machen, und genug sei genug.

Freud würde sicher ernsthaftere, tieferliegende Gründe für Unordnung nennen. Nach einer verbreiteten Ansicht ist es z. B. fehlende Selbstachtung: Wer unordentlich ist, schafft sich eine Umgebung, die seine schlechte Meinung von sich selbst verstärkt. Schwelender Ärger ist ein anderer Grund, wie Therapeuten herausgefunden haben; die Wut manifestiert sich in Form übertriebener Unordnung.

Teenager können ihre Zimmer und ihre Besitztümer dazu benutzen, ihre Unabhängigkeit von den Eltern zu demonstrieren. Das kann ein vorübergehendes Stadium sein, und vielleicht sollten wir nicht hysterisch werden, wenn die Kleider auf den Fußboden fliegen, Kassetten, Zeitschriften und Jeans sich auf der Kommode türmen und Schlafsäcke, Bälle und Bücher unter die Betten gestopft werden. Dies kann zum Lebensstil werden, aber mit der richtigen Hilfe und Unterstützung der Eltern wachsen die Kinder aus diesem Zustand heraus.

Meine Mutter zum Beispiel kann es noch immer nicht fassen, daß ich Bücher über Haushaltsorganisation schreibe. Als ich ein Teenager war, mußte sie meine Kleider und andere Dinge vor meiner Zimmertür oder auf dem Bett auftürmen, in der Hoffnung, ich würde den Wink verstehen und sie wegräumen. Meine Taktik war statt dessen, über den Haufen hinwegzusteigen oder ihn in die Tagesdecke einzuwickeln, wenn ich zu Bett ging.

Also fassen Sie Mut. Wenn Sie mitten in einem Chaos aus nassen Handtüchern, zusammengeknüllten Jeans und ungemachten Betten sitzen, dann denken Sie daran, daß dieser Zustand vorübergeht: Sogar ein hoffnungslos unordentlicher Teenager kann bereuen und zu einem ordnungsliebenden Erwachsenen werden. Aber was ist, wenn Sie selbst die Schuldige sind? Dann sind Sie wahrscheinlich der schlampige Teenager, der niemals bereut hat. Aber egal, wer unordentlich ist – Sie, Ihr Partner oder Ihre Kinder – ich mache Ihnen ein Angebot, das Sie nicht ablehnen können. Ziehen Sie einen Schlußstrich unter diesen Zustand. Ich zeige Ihnen nicht nur, wie Sie die Unordnung beseitigen, sondern auch, wie Sie verhindern, daß sie wieder entsteht.

Den Tatsachen ins Auge sehen

Haben Sie schon bemerkt, daß es in jeder Abhandlung über Unordnung im Prinzip darum geht, Dinge wegzuwerfen, zu verkaufen oder zu verschenken? Kein Wunder, daß Sie erschrocken sind! Das, wovon die Experten da reden, ist schließlich ein Teil Ihres Lebens.

Unglücklicherweise werde auch ich davon sprechen. Aber ich verspreche Ihnen feierlich bei einem Stapel alter Kinoprogramme, daß Sie nicht alles wegwerfen müssen. Sogar ich besitze eine Sammlung völlig wertloser Dinge. Zum Beispiel einen fadenscheinigen Wollteppich (geknüpft von meiner Großmutter), von dem ich mich niemals trennen würde. Ich horte Porzellan-Puppenteller, alte Schulbücher, einen Versandhauskatalog von 1978 und zig angefangene Weihnachtsbasteleien.

Trotzdem bin ich normalerweise nicht von Unordnung umgeben. Warum? Nun, ein Wörterbuch definiert Unordnung als «unübersichtliche Ansammlung». Eine Sammlung ist also keine Unordnung, es sei denn, sie ist unübersichtlich. Dann rufen die Experten nach dem Mülleimer. Ich kann einen Schrank, ein Regal, eine Schublade oder einen ganzen Raum in ein paar Minuten durchkämmen und Überflüssiges skrupellos wegwerfen oder zum Verschenken aussortieren. Aber während mir dieses Verfahren zur zweiten Natur geworden ist, kann es bei anderen qualvolle Schmerzen hervorrufen.

Deshalb biete ich Ihnen hier eine erprobte Methode an, Ordnung in Ihren vier Wänden zu schaffen. Ich hoffe, daß ich damit auch die leidenschaftlichsten Hamsterer überzeugen kann.

Und Sie kennen sich ja selbst am besten. Wenn Sie eine Handvoll Schlüssel haben, die nirgends passen, alte Brillen, kaputte Winterreifen, Drahtreste, Fahrradsattel und wertlose Souvenirs, dann seien Sie gewarnt! Denken sie auch nicht daran, was Tante Trude sagt, wenn ihr Mosaikleuchter nicht mehr auf Ihrer Kommode steht. (Zwischen all dem anderen Kram konnte sie ihn vielleicht sowieso nie sehen.) Lassen Sie sich überzeugen!

Aber auch wenn Sie selbst nicht zu den Sammlernaturen gehören, lesen Sie ruhig weiter. Sie müssen diese Menschen verstehen und lernen, mit ihnen fertigzuwerden. Vielleicht können Sie sie ja bekehren!

Der große Philosoph Aristoteles hat gesagt, alles menschliche Verhalten wird von mindestens einem dieser sieben Elemente bestimmt: Zufall, Natur, Zwang, Gewohnheit, Vernunft, Leidenschaft und Verlangen. Und das sind auch die sieben Gründe, aus denen wir an Dingen hängen.

Zufall:	«Vielleicht kann ich es irgendwann gebrauchen.»
Natur:	«Ich werde es wieder tragen können, wenn ich abgenommen habe.»
Zwang:	«Das habe ich zur Hochzeit bekommen.»
Gewohnheit:	«Ich werfe nie etwas weg.»
Vernunft:	(Hier wird es besonders tückisch!)
	1. «Es ist zu gut, um es wegzuwerfen.»
	2. «Sobald ich es weggeworfen habe, werde ich es vermissen.»
	3. «Ich werde es eines Tages reparieren.»
	4. «Es gehört gar nicht mir.»
Leidenschaft:	«Das war ein Geschenk.»
Verlangen:	«Ich würde es nie hergeben, und wenn mein Leben davon abhinge.»

Sehr clever, dieser Aristoteles. Haben Sie sich wiedererkannt? Ist Ihr Verhalten auch von einem dieser sieben Elemente bestimmt? Es ist wichtig, daß Sie sich Ihre Gründe klarmachen, denn das ist der erste Schritt zur Änderung Ihres Verhaltens. Vielleicht wird Ihnen jetzt bewußt, wie oft Sie einen dieser Sätze gebraucht haben, um zu begründen, weshalb Sie etwas behalten wollten. Jetzt können Sie sich rechtzeitig beobachten und zweimal nachdenken. Auf diese Art verwandeln Sie ein automatisches Verhalten in bewußtes Verhalten. Damit werden Sie erstens Ihren alten Müll los, und zweitens sammelt sich weniger neuer an.

Die Spreu vom Weizen trennen

Um diese Überlegungen in die Tat umzusetzen, brauchen Sie folgendes: drei Kartons (oder Plastiksäcke) und einen Mülleimer. Auf den Kartons steht: «Verschenken oder Verkaufen», «Wegräumen» und «Weiß noch nicht». Diese vier Behälter sind lebensnotwendig für den Erfolg Ihres Vorhabens, denn sie verhindern, daß Sie diese anstrengende und unangenehme Arbeit vorzeitig aufgeben.

Da Sie an Durcheinander gewöhnt sind, ist anzunehmen, daß auch Aufschieben zu Ihren Gewohnheiten gehört. («Ich lege es erst mal hierher und räume es dann später weg.» «Bevor ich dieses Zimmer aufräume, muß ich erst mal den Schrank auswischen.») Dann hält der Vier-Behälter-Trick Sie bei der Stange. In einen Karton oder eine Tüte kommt alles, was Sie verschenken oder verkaufen wollen. In den «Wegräum»-Behälter kommt alles, was in einen anderen Raum gehört. Denn wie oft passiert es, daß Sie etwas finden, das woandershin gehört, und Ihre Tätigkeit unterbrechen, um es an seinen Platz zu bringen? (Sie schieben also Ihre gegenwärtige Tätigkeit auf.) Und wenn Sie dann schon mal dabei sind, sagen Sie: «Ich sollte erst mal das Regal abstauben, bevor ich es hier hinlege.»

Aufschieben kann die verschiedensten Formen annehmen. Machen Sie sich also immer die Strategien bewußt, die Sie benutzen, um einer unangenehmen Situation zu entkommen.

Der «Weiß noch nicht»-Behälter ist der wichtigste. Denn wenn Sie sich gleich jetzt von jedem einzelnen Gegenstand trennen sollen, machen Sie es sich noch schwerer. Dieser Behälter hilft Ihnen, das Ganze zu beschleunigen.

Der vierte Behälter ist natürlich der Mülleimer. Ihn werden Sie immer häufiger benutzen, denn so schaffen Sie Platz, und denken Sie daran – alles, was Sie jetzt wegwerfen, brauchen Sie nie wieder in die Hand zu nehmen!

Diese vier Behälter sind die Geheimwaffen für das erfolgreiche Entschlacken von Schränken, Regalen, Kommoden oder Schreibtischen. Sie beschleunigen und rationalisieren die Arbeit und sorgen dafür, daß Sie nicht abgelenkt werden.

Vielleicht sind Sie immer noch ein bißchen skeptisch. Ich erwarte ja auch gar nicht, daß Sie das Chaos mit der Inbrunst eines Kreuzzugsritters angreifen und Ihre Mülltüte wie eine Kriegsflagge schwenken, aber ich erwarte, daß Sie zumindest anfangen.

Gerümpel ist ein Parasit. Es existiert auf Ihre Kosten und vermehrt sich schneller als Kaninchen. Es ist die wahre Ursache so vieler Probleme, von Ehestreitigkeiten bis zu Regierungskrisen, daß es unbedingt ernstgenommen werden muß. Es ist wirklich gefährlich für Ihre Gesundheit. Heutzutage spricht jeder über Streß – Gerümpel gehört zu den Hauptursachen.

Nun haben Sie also Ihre Ausrüstung, aber wie sollen Sie entscheiden, was Sie behalten und was Sie loswerden wollen?

Überprüfen Sie zunächst Ihre Umgebung. Denn Ihre Entscheidungen werden davon abhängen, wieviel Platz Sie zur Verfügung haben. Wenn Sie eine kleine Wohnung haben, ist ganz offensichtlich nicht so viel Platz da wie in einem eigenen Haus mit Keller und Dachboden.

Suchen Sie nach verschenktem Platz: an den Wänden, über oder hinter Türen, hinter oder zwischen den Möbeln, unter Treppen, in Schränken und Regalen. Können Sie irgendwo ein zusätzliches Regal anbringen oder aufstellen? Ist irgendwo noch Platz für eine Kommode, einen kleinen Tisch, ein Bord? Wie Sie die Sachen unterbringen, besprechen wir später. Zunächst verschaffen Sie sich einen Überblick über Ihre Raumverhältnisse.

Und nun können Sie anfangen. Nehmen Sie sich nicht zuviel auf einmal vor, und beginnen Sie mit einem Raum, einer Kommode, einem Regal oder dem Kühlschrank. Aber bevor Sie irgend etwas tun, besinnen Sie sich auf die Funktion des Raumes, in dem Sie aufräumen wollen. So erleichtern Sie sich den Prozeß des Aussortierens, denn Sie können schneller und genauer entscheiden, was in diesen Raum gehört oder was nicht.

Das Sortier-Quiz

Nun sehen Sie sich die Dinge mal genauer an. Wann haben Sie etwas zum letzten Mal benutzt? Wenn Sie es ziemlich häufig benutzen, dann fragen Sie sich als nächstes, ob Sie es in diesem Raum brauchen oder eher woanders. Wenn letzteres zutrifft, kommt der Gegenstand in den Behälter «Wegräumen». Wenn Sie einen Gegenstand jedoch ein Jahr oder länger nicht in der Hand gehabt haben, müssen Sie seinen Nutzen bestimmen. Haben Sie ihn gesucht? Wußten Sie noch, daß Sie ihn besitzen? Wenn nicht, können Sie davon ausgehen, daß Sie ihn nicht mehr brauchen. (Wenn Sie gar nicht anders können, legen Sie ihn meinetwegen in den «Weiß noch nicht»-Behälter.) Hat der Gegenstand einen gefühlsmäßigen oder materiellen Wert? Omas Sofaschoner, das Lieblingsbilderbuch aus Ihrer Kinderzeit? Hier können Sie sich wirklich festfahren. Was machen Sie mit Ihren Babyschuhen, der scheußlichen Vase, die Sie zur Hochzeit bekommen haben, dem Stierkämpfer auf schwarzem Samt, den Ihnen Ihr Onkel geschenkt hat, und den zahllosen unsortierten Fotos? Wenn Sie diese Fragen nicht rasch beantworten können, verschwenden Sie keine Zeit und packen Sie den ganzen Kram in den «Weiß noch nicht»-Karton. (Dinge, die offensichtlich einen materiellen Wert besitzen wie Schmuck, Münzen, Antiquitäten, Erstausgaben etc. sollten Sie natürlich in jedem Fall behalten, es sei denn, Sie entschließen sich, sie zu verkaufen.) Hier sind einige Richtlinien, an die Sie sich bei diesem delikaten Thema halten können:

1. Etwas ist entweder nützlich oder nicht. Richten Sie sich nicht nach dem Alter des Gegenstandes.
2. Behalten Sie Ihr Wertsystem im Kopf. (Wenn Sie ein einheitlich wirkendes Zuhause haben wollen, entscheiden Sie sich gegen den Stierkämpfer und gegen die Gefühle Ihres Onkels.)
3. Richten Sie sich nach Ihrem Geschmack und dem Ihrer Familie. Was modern ist, spielt keine Rolle. (Es sei denn, das ist Ihr Maßstab.)
4. Reicht Ihnen die Erinnerung an einen Gegenstand, den Sie zwar lieben, aber nicht mehr benutzen?

Trotz all dieser logischen und überzeugenden Ratschläge habe ich immer noch den Teppich meiner Großmutter (mein Wertsystem), und Sie heben vielleicht Ihr erstes Schulbuch auf. Das ist in Ordnung. Ich habe Ihnen ja versprochen, daß Sie nicht alles wegwerfen müssen. Wenn Ihnen einer dieser gefühlsbeladenen Gegenstände in die Hände fällt, ohne die und mit denen Sie nicht leben können, legen Sie sie in den «Wegräum»-Karton.

Als nächstes fragen Sie sich, ob Sie etwas doppelt besitzen. Wenn es so ist – muß das wirklich sein? Zum Beispiel sechs Schälmesser, vier Filzhüte, drei Elektrobohrer, drei komplette Alltagsservice? Vor allem in der Küche begegnet Ihnen das Problem der Garnituren: ganze Sätze von Schüsseln, Töpfen oder Gläsern. Brauchen Sie wirklich alle Teile eines Satzes? Vielleicht benutzen Sie eine bestimmte Pfanne oder

Schüssel nie, weil Sie zu groß oder zu klein ist. Fühlen Sie sich bloß nicht verpflichtet, diese Gegenstände aufzuheben, nur weil sie zu einem Satz gehören.

Die Sortier-Checkliste

Hier haben Sie das System noch einmal übersichtlich gegliedert vor Augen:

Verschenken oder verkaufen:

- Alles, was Sie ein Jahr oder länger nicht benutzt haben.
- Kleidung, die Ihnen nicht mehr paßt oder nicht steht.
- Dinge, die Sie nicht mögen oder nicht mehr haben wollen – die aber zu schade zum Wegwerfen sind.
- Dinge, die Sie augenblicklich nicht brauchen, obwohl sie eines Tages vielleicht von Nutzen sein könnten.
- Dinge, von denen Sie nicht mehr wußten, daß Sie sie besitzen.
- Dinge, die Sie nicht vermißt und nicht gesucht haben.
- Nicht benutzte Teile eines Satzes.
- Dinge von gefühlsmäßigem Wert, von denen Sie sich zu trennen wagen.

Wegräumen:

- Dinge, die in einen anderen Raum gehören.
- Dinge von materiellem Wert.
- Dinge, an denen Sie hängen und von denen Sie sich nicht trennen können.
- Dinge, die Sie wegräumen können, weil Sie nur zu einer bestimmten Jahreszeit oder selten gebraucht werden und die Ihnen wertvollen Platz rauben.

Ich weiß noch nicht:

- Alle Gegenstände, die Sie in einen Konflikt bringen. (Sie haben Gründe, sie zu behalten, und Gründe, sich von ihnen zu trennen.)

Wegwerfen:

- Alles, was nicht mehr zu reparieren ist. (Dinge, die Sie auch keiner Wohlfahrtsorganisation geben können.)
- Abgetragene Kleidung.
- Überflüssiges Papier (einschließlich Zeitungen und Zeitschriften).

Und wie gehen Sie jetzt vor?

Verschenken oder verkaufen

Wenden Sie sich an eine Wohlfahrtsorganisation (Rotes Kreuz etc.); dort wird man Ihnen diese Dinge gerne abnehmen.

Sie können sich zusätzlich motivieren, diese Arbeit schnell hinter sich zu bringen, wenn Sie einen Abholtermin vereinbaren, bevor Sie anfangen. Dann haben Sie ein Ziel, auf das Sie hinarbeiten können. Und wenn Sie feststellen, daß Sie irgend etwas doch brauchen, nachdem es weg ist, können Sie sich bei einem Trödler billigen Ersatz beschaffen. Sie werden sich wundern, was für wunderbare Sachen andere Leute loswerden wollen!

Wenn Sie etwas verkaufen wollen, können Sie auf einen Flohmarkt oder in einen Second-Hand-Laden gehen. Für einen Flohmarkt müssen Sie sich vorher anmelden und eine Standgebühr bezahlen. Second-Hand-Läden nehmen die Sachen meist in Kommission und behalten ein paar Prozent vom Verkaufspreis ein. (Sie bekommen also erst Geld, wenn ein Gegenstand verkauft ist.) Oder Sie geben eine Annonce in der Zeitung oder in einem Anzeigenblatt auf.

Vieles können Sie bestimmt an Freunde und Nachbarn verschenken. Über Kleidung, aus der Ihre Kinder herausgewachsen sind, freut sich eine Mutter mit kleineren Kindern, ebenso über Spielzeug. Und je wichtiger Ihnen jemand ist, desto leichter können Sie sich von etwas trennen, an dem Ihr Herz hängt.

Wegräumen

Wenn ein großer Karton mit Dingen zum Wegräumen übriggeblieben ist, arbeiten Sie ihn vielleicht lieber nach und nach durch. Nehmen Sie sich vor, jeden Tag ein paar Sachen wegzuräumen, oder reservieren Sie täglich eine viertel oder eine halbe Stunde dafür. Sicher sind in dieser Kiste auch Dinge, die selten gebraucht werden, Erinnerungsstücke etc., die Sie aus dem Weg haben wollen. Diese Dinge sollten Sie sortieren, in beschriftete Kartons packen und möglichst auf den Dachboden oder in den Keller bringen.

Ich weiß noch nicht

In diesem Karton sind die verschiedensten Dinge, von denen Sie noch nicht wissen, ob Sie Sie behalten oder weggeben / wegwerfen sollen. Machen Sie den Karton zu, schreiben Sie das Datum drauf und stellen Sie ihn möglichst weit weg (je weiter, desto besser). Nun wird folgendes mit den Dingen geschehen:

1. Sie altern und sterben eines natürlichen Todes.
2. Sie bekommen den richtigen Platz in Ihrer Wohnung.

Es ist mehr als wahrscheinlich, daß dieser Karton monate- oder jahrelang nicht geöffnet wird. Was Sie aber wirklich herausholen, das ist es auch wert, daß Sie es behalten.

Und jetzt kommt die Fußangel: Wenn das Datum auf dem Karton die Ein-Jahres-Grenze überschritten hat, trennen Sie sich von ihm. Werfen Sie ihn auf den Sperrmüll, verschenken Sie ihn – und zwar ungeöffnet! Werfen Sie nicht mehr den kleinsten Blick hinein, auch nicht «für alle Fälle...»! Ihre Neugier kann alles zunichte machen, also seien Sie vorsichtig!

Denn was man lange nicht gesehen hat, gewinnt manchmal einen sentimentalen Reiz...

Also machen Sie es sich nicht schwerer als nötig. Der Karton hat für Sie entschieden.

Wennn Sie sich mit diesem System vertraut gemacht haben, können Sie darüber nachdenken, ob Sie auch Ihre Kinder einbeziehen. Meine eigene Erfahrung ist allerdings, daß es am besten funktioniert, wenn ich die Sache allein durchziehe. (Ich wage nicht, meinen Mann um Hilfe zu bitten, weil er viel zu weichherzig ist. Er könnte sich von nichts trennen. Und den Kindern ginge es nicht anders.)

Daher ist es vorgekommen, daß ich auch die Kinderzimmer alleine ausgemistet und dabei ein paar Herzen gebrochen habe.

Jetzt wende ich die goldene Regel an: Ich würde es nicht zulassen, daß die Kinder meine Sachen sortieren, also gestehe ich ihnen das gleiche Recht zu. (Allerdings diskutiere ich mit ihnen und ermutige sie, ab und zu ein paar Sachen auszurangieren.) Ordnung machen wirkt therapeutisch. Je mehr Ballast Sie loswerden, um so unbeschwerter fühlen Sie sich. Obwohl es Ihnen vielleicht im Moment noch unmöglich vorkommt, auch nur einen alten Lippenstift oder einen rostigen Nagel wegzuwerfen, werden Sie es mit der Zeit genießen, sich von allem unnötig Belastenden zu befreien. (Und Sie dachten, es sei langweilig, Ordnung zu schaffen!)

Behalten Sie die Kontrolle

Nach dieser harten Arbeit werden Sie sich zurücklehnen und Ihre luftige Umgebung genießen wollen. Aber unglücklicherweise wird sie nicht so bleiben. Unordnung ist wie Unkraut – sie wächst immer nach. Nur regelmäßiges Jäten hält das Unkraut in Schach. Hier sind ein paar Ideen, die es Ihnen leichter machen.

Die Sammelstelle

Eine großartige Vorbeugungsmaßnahme ist die Sammelstelle (eine Schublade, ein Regalbrett, ein Beutel etc.). Wenn Sie Dinge sichtbar herumliegen lassen müssen, um sie nicht zu vergessen, dann brauchen Sie eine Sammelstelle. Da hinein kommt das Matchboxauto, das ein Nachbarskind vergessen hat, Unterlagen, die fotokopiert und Dinge, die zur Reparatur gebracht werden müssen. Immer, wenn ich das Haus verlasse, werfe ich einen Blick auf die Sammelstelle, um zu sehen, ob ich nicht etwas davon gleich miterledigen kann.

Der «Erst mal»-Platz

Nur zögernd erwähne ich den «Erst mal»-Platz. Das kann eine Schachtel, ein Beutel, eine Schublade oder eine Ecke sein, wo Sie Dinge aufheben, die sich im Laufe des Tages ansammeln: Spielzeug, Knöpfe, Notizen usw. Das funktioniert aber nur, wenn Sie dafür sorgen, daß alles, was hier aufgehoben wird, mindestens dreimal in der Woche weggeräumt wird (noch besser täglich).

Zum Beispiel läßt jemand seinen Mantel am Türgriff hängen, und Sie bitten ihn/sie, ihn an der Garderobe aufzuhängen. Die Antwort ist meistens: «Ja, gleich...» Dann wird es vergessen, und der Mantel bleibt, wo er ist. Nun multiplizieren Sie diesen Vorfall mit der Zahl der Familienmitglieder und der Zahl der pro Tag verlegten Dinge, und Sie verlieren schnell den Überblick.

Wenn Sie eine ordentliche Wohnung haben wollen, verzichten Sie darauf, mit den Kindern zu schimpfen oder alles hinter ihnen aufzuräumen. Das können Sie mit dem «Erst mal»-Platz vermeiden. Nehmen Sie den Mantel, legen Sie ihn an diesen Platz und erziehen Sie alle dazu, daß sie vor dem Zubettgehen ihre Besitztümer heraussuchen und wegräumen.

Hier ist noch eine Variante für Spielsachen. (Besonders praktisch, wenn Sie ein Haus mit Erd- und Obergeschoß bewohnen.) Wenn die Kinder mit einem Spielzeug nicht mehr spielen, müssen sie es nicht unbedingt gleich wegräumen, sondern legen es erst mal in einen Korb, eine Schachtel o. ä. Da sich im Laufe des Tages die Spielsachen meist über das ganze Haus verstreuen, machen Sie es genauso. Vor dem Zubettgehen werden die gesammelten Spielsachen gemeinsam weggeräumt. Mit diesem Verfahren entgehen Sie der Pflicht, selbst immer dafür zu sorgen, daß alle Spielsachen eingesammelt und aufgeräumt werden.

Dasselbe können Sie auch im Garten machen. Stellen Sie einen großen Plastik-Mülleimer mit Deckel auf, in den die Kinder ihre Schaufeln, Bälle, Sandförmchen usw. werfen.

Sie können auch weitere «Erst mal»-Plätze schaffen. Wenn Autoschlüssel, Kleingeld, Handschuhe usw. immer auf der Kommode oder dem Kühlschrank landen, stellen Sie dort ein Körbchen oder eine Schale auf – so können Sie das Durcheinander wenigstens verbergen. «Erst mal» ist in Ordnung, wenn es nicht für ewig ist!

Ein schnelles und einfaches System für ankommende und abzuschickende Post sind zwei Ablagekörbe.

Um den Papierkram übersichtlich zu halten, sollten Sie alles Wichtige möglichst bald abheften und alles Unwichtige wegwerfen.

Noch ein letzter Tip, um die Unordnung in Grenzen zu halten. Wenn Sie ein Haus mit Treppen bewohnen, ist es lästig, ständig treppauf und treppab zu laufen, um Dinge an ihren Platz zu bringen. Stellen Sie unten und oben an der Treppe Behälter auf, in die alles kommt, das nach oben bzw. unten gehört. Dann kann jeder, der den Weg sowieso machen muß, etwas mitnehmen.

So sammelt sich nichts an

1. Hüten Sie sich vor arbeitssparenden Geräten. Manche machen mehr Arbeit (Zusammensetzen, Auseinandernehmen, Reinigen) als sie jemals einsparen können.
2. Kaufen Sie nur etwas, wenn Sie genau wissen, wo es hinsoll.
3. Kaufen Sie nichts, nur weil jemand anderes es besitzt und es toll findet. Leihen Sie sich das Gerät erst einmal aus und fragen Sie den Besitzer nach den Vorteilen und Nachteilen. Gehen Sie in ein paar Second-Hand-Läden und Geschäfte, die «Gelegenheiten» anbieten. Wenn Sie dort viele «Zaubergeräte» und «Alleskönner» finden, ist das ein Zeichen dafür, daß diese Geräte doch nicht halten, was sie versprechen.
4. Lassen Sie sich nichts schenken, was andere ausrangiert haben, wenn Sie es nicht wirklich gebrauchen können.
5. Werfen Sie alles sofort weg, was Sie im Moment nicht gebrauchen können.

Gerümpel kann beseitigt oder mindestens reduziert werden. Und vergessen Sie nicht: Wenn alles unter Kontrolle ist, heißt das noch nicht, daß es auch so bleibt. Aber sobald Sie und Ihre Familie diese einfache Methode beherrschen – und sie konsequent anwenden –, werden Sie mehr freie Zeit haben, die Sie entspannt genießen können.

Kapitel 7

Alles findet seinen Platz

Bringt der Mann Ihres Lebens mehr vom Sperrmüll mit, als er wegwirft? («Sieh mal, dieser Rasenmähermotor ist noch völlig intakt!» «Unglaublich! Ein vollkommen neuer Heizkörper!» «Aus diesen Teilen kann ich ein komplettes Fahrrad zusammensetzen!»)

Ich will nicht auf den Männern herumhacken, sondern lediglich darauf hinweisen... Sie können den ganzen Tag aufräumen und wegwerfen und trotzdem mit Dingen konfrontiert sein, die niemals über Ihre Schwelle hätten gelangen dürfen. Egal, von wie vielen Dingen Sie sich trennen, es gibt immer noch genug, die Sie behalten und unterbringen müssen.

Um Ihnen zu helfen, die beste Entscheidung über das Wie und Wo zu treffen, will ich Ihnen die Funktionsweise der nächsten beiden Arbeitserleichterungstechniken erklären: Sortieren und Rationalisieren.

Nachdem Sie also zuerst nachgedacht (Arbeitserleichterungstechnik Nummer 1) und Ballast abgeworfen haben (Technik Nummer 2), sind Sie reif für ein sorgfältig gestaltetes Unterbringungssystem, das jedem Gegenstand seinen genau definierten Platz gibt.

In diesem Kapitel finden Sie ein paar allgemeine Regeln, nach denen Sie Ihr persönliches System entwickeln können. Und Sie werden die beste Art kennenlernen, Dinge unterzubringen, die neu dazukommen.

Ein gutes Aufbewahrungssystem ist notwendig, wenn Sie etwas finden wollen, wenn Sie es brauchen, statt darauf zu warten, daß es irgendwann wieder auftaucht. Wenn alles seinen festen Platz hat, gibt es weniger Unordnung, und die Kooperationswilligkeit Ihrer Familie wächst.

Am Anfang klagen die meisten Eltern, daß es keinen Sinn habe, zu organisieren. «Ich kann sämtliche Kämme an diesen Platz im Badezimmer legen, und nach zwei Tagen sind sie alle verschwunden.» Wenn Sie die Sorge haben, daß Sie Wochen auf das Organisieren verwenden und die Kinder die Frucht Ihrer Bemühungen in Sekundenschnelle zunichte machen könnten, dann kann ich Sie gut verstehen. Eine aufgeräumte Wohnung kann sich innerhalb von fünf Minuten in ein komplettes Chaos verwandeln. Und genau deshalb ist es so wichtig, für alles einen festen Platz zu haben.

Denn wenn alles seinen festgelegten Platz hat (bis zur letzten Stecknadel), ist es viel einfacher, ein Schlachtfeld wieder zu einem bewohnbaren Ort zu machen. Es ist beruhigend zu wissen, daß allem eine durchdachte Ordnung zugrunde liegt. Wenn alles seinen bestimmten Haken, seine Schublade oder seinen Behälter hat, ist es viel leichter, die Sachen schnell wegzuräumen. Ein Aufbewahrungsprogramm, das aufrechterhalten wird, bestärkt sich selbst. Jeder weiß genau, wo die Sachen hingehören, und erlebt die Befriedigung, alles sofort wiederzufinden.

Die drei Grundregeln:

1. Bequemlichkeit

Alle wichtigen Dinge sollten bequem erreichbar sein. (Das ist manchmal nicht ganz durchzuhalten, wenn die Kinder noch sehr klein sind, aber dann sollten Sie die Grundregeln trotzdem im Prinzip befolgen.)

Gewöhnlich wird hier gleich der erste Fehler gemacht. Zum Beispiel: «Wo ist die Schere?» «Im Badezimmer. Ich habe vergessen, sie zurückzulegen.» Wenn die Schere regelmäßig im Badezimmer auftaucht, sollte vielleicht auch dort eine vorhanden sein. Bringen Sie die Sachen da unter, wo sie gebraucht werden (oder mindestens in dem Raum, in dem sie gebraucht werden). Manchmal bedeutet das, etwas doppelt anzuschaffen, aber das ist dann auch sinnvoll.

Bringen Sie also die Mülleimerbeutel beim Mülleimer unter, Waschmittel bei der Waschmaschine usw. Außerdem sollten Sie den Aufbewahrungsort so wählen, daß Sie sich möglichst wenig bewegen müssen. Was Sie einmal pro Woche oder häufiger brauchen, sollten Sie mit einem Griff erreichen können. Das heißt, wenn Sie eine Schranktür oder eine Schublade öffnen, finden Sie das Ding mit einem Griff, und genauso schnell ist es auch wieder weggeräumt. Sachen, die Sie seltener als einmal wöchentlich brauchen, können Sie z. B. auf einem höheren Bord unterbringen oder an einem Ort, wo Sie erst ein wenig räumen müssen. Der Platz richtet sich also auch danach, wie häufig Sie etwas benutzen.

Erreichbarkeit mit einem Griff ist auch das Geheimnis, mit dem man Kinder zum Aufräumen bringt. Wenn es mehr Mühe macht, etwas wegzuräumen, wird alles da liegengelassen, wo es benutzt wurde, mit dem Versprechen, es «später» wegzuräumen.

Dann stehen die Platten und Gläser noch Tage nach einer Party auf dem Küchentisch. Dann paßt die Kleidung, die im Schrank liegt, dem

Kind nicht, weil Sie sie nicht rechtzeitig aussortiert haben. Jung oder alt, männlich oder weiblich, wir alle wollen uns nicht mehr bewegen als nötig. Als Erwachsene können wir ein wenig besser damit umgehen, aber Kinder schaffen das noch nicht, deshalb ist es für sie besonders wichtig, daß alles mit einem Griff erreichbar (und wegzuräumen) ist. Und dann sind sie auch eher bereit zur Kooperation.

2. Teilen und multiplizieren

Unterteilen Sie Schubladen und Schränke möglichst vielfach – damit multiplizieren Sie den zur Verfügung stehenden Raum! Auf diese Art bekommt alles einen genau definierten, begrenzten Platz.

Zur Unterteilung können Sie zusätzliche Regalbretter einsetzen, Körbe oder Kartons benutzen, Besteckkästen oder Eiswürfelbehälter – Ihrer Phantasie sind keine Grenzen gesetzt. In Kaufhäusern, Möbelhäusern etc. finden Sie außerdem ein reichhaltiges Angebot an Organisationshilfen.

Sie können sie überall benutzen: In Küchenschubladen, unter dem Spülbecken, auf Regalen (nicht nur, um die Sachen sortiert zu halten; Sie können dann auch leicht jede «Einheit» zum Gebrauch herausnehmen). Sie können damit Unterwäsche, Socken und Strumpfhosen übersichtlich in Schubladen unterbringen und Spielzeug, Büromaterial, Gartengeräte, Autozubehör und Werkzeuge griffbereit aufbewahren. Machen Sie aber keine zu speziellen Unterteilungen. Denn wenn das System zu kompliziert ist, wird das Wegräumen zu schwierig.

Die Regel (besonders für Kinder) ist: Der Wunsch, es zu benutzen, ist größer als der Wunsch, es wegzuräumen! Aber sogar als Erwachsene ist es uns wichtiger, etwas zu benutzen, als es wieder an seinen Platz zu bringen.

Unsere Kinder haben zum Beispiel einen großen Korb für ihre Stofftiere. Um einen kleinen Hund zu finden, müssen sie ein wenig suchen, aber wenn sie aufräumen, brauchen sie ihn nur hineinzuwerfen. Genauso machen wir es mit Material für kleine Reparaturarbeiten: Es dauert einen Augenblick länger, das Teflonband oder die Rolle Draht zu finden, aber nach Gebrauch ist das Wegräumen wesentlich einfacher.

Wenn Sie sich also entscheiden müssen, dann machen Sie das Wegräumen immer ein bißchen bequemer als das Suchen.

3. Beschriften

Das Beschriften ist ein wichtiger Bestandteil eines guten Aufbewahrungssystems. Behälter sollten mit Bildern oder Begriffen gekennzeichnet werden, damit jeder weiß, was darin zu finden ist bzw. was hineingehört.

So entsteht niemals ein Zweifel, wo etwas hingehört, und das ist wichtiger, als Sie vielleicht annehmen.

Manchmal ist es auch nützlich, die Dinge selbst zu etikettieren. Wir haben zum Beispiel mehrere gleichartige Scheren, und wenn irgendwo eine herumliegt, wüßten wir nicht, ob sie in die Küche gehört, in meinen Schreibtisch, in den meines Mannes oder ins Kinderzimmer. Deshalb hängt an jeder ein Schildchen, und man sieht auf einen Blick, wo sie hinkommt.

Wohin mit dem Hirschgeweih?

Jetzt haben Sie also alles übersichtlich in beschrifteten Behältern untergebracht. Und dann bringt jemand ein Hirschgeweih mit nach Hause, eine Steinsammlung, eine alte Wetterfahne, Angelstiefel, eine große hölzerne Kabelrolle oder eine neumodische Küchenmaschine mit tausenderlei Zubehör, die alles kann außer Babysitten. Was machen Sie mit dem ganzen Kram? Wahrscheinlich finden Sie nirgendwo einen Artikel, der «100 Arten, ein Hirschgeweih unterzubringen» beschreibt. Deshalb müssen Sie sich etwas einfallen lassen und sich diese 100 Arten selbst ausdenken. (Oder wenigstens eine oder zwei.) Egal, wie groß Ihre Wohnung ist, Sie haben nur vier Alternativen, um etwas unterzubringen: In einem Regal oder einem Schrank, auf dem Fußboden, an der Wand oder in einer Schublade.

Wenn etwas Neues ins Haus kommt, wofür Sie einen Platz finden müssen, gehen Sie im Geist Ihre Unterbringungsmöglichkeiten durch (falls sich nicht wie bei dem Hirschgeweih nur eine Möglichkeit anbietet: Aufhängen), und entscheiden Sie, was für Sie das Günstigste ist.

Übersicht mit Regalen

Haben Sie noch irgendwo Platz für ein Regal? (Nachdem Sie so gründlich ausgemistet haben, vielleicht sogar reichlich!) An jeder freien Wandfläche kann theoretisch ein Regal aufgestellt oder aufgehängt werden. Vergessen Sie auch den Platz über oder hinter Türen nicht. Hinter einer Tür können Sie zum Beispiel ein nicht zu tiefes Regal aufstellen, das unsichtbar ist, wenn die Tür offensteht. Es gibt auch Hängeregale in allen Größen, mit denen Sie einen freien Platz nutzen können. Mit Winkeln können Sie auch einzelne Bretter anbringen, wo Sie sie brauchen.

Vielleicht haben Sie auch noch Platz unter dem Spülbecken? Auch dort lassen sich meist noch ein oder zwei Bretter anbringen, und in Schränke können Sie zusätzliche Böden einlegen.

Vor allem, wenn sie nicht zu tief sind, sind Regale eine bequeme Unterbringungsmöglichkeit – alles ist übersichtlich angeordnet und leicht erreichbar.

Der Platz zu Ihren Füßen

Vor allem für Kinder ist der Fußboden am leichtesten zugänglich. Und zum Glück ist die Zeit vorüber, wo man entsetzt war, wenn man etwas unter einem Möbelstück fand. Auf dem Fußboden läßt sich vieles einfach unterbringen.

Vielleicht ist noch Platz unter, zwischen oder hinter Betten, Sofas, Schreibtischen und anderen großen Möbelstücken? Hier können Sie selten benutzte Dinge verschwinden lassen.

Körbe mit Deckeln sind eine andere Möglichkeit. Darin können unansehnliche Dinge verschwinden, und es sind zusätzliche Dekorationsstücke. In offenen Krügen oder Körben können Sie alles unterbringen – vom Gemüse bis zur Windel.

Wenn Sie wenig Platz haben, versuchen Sie, den Platz auf dem Fußboden kreativ zu nutzen, statt nur nach Löchern im Teppich und Staubflocken in den Ecken zu suchen.

Eine gute Lösung: Aufhängen

Manche Gegenstände bringt man am besten hängend unter (das Hirschgeweih, Gartengeräte, Besen, Angeln, Schläuche, Leitern usw.).

Wer wenig Platz hat, kann aber auch noch ganz andere Dinge an Wänden oder unter Decken aufhängen. (Vergessen Sie auch nicht die Türen und die Innenseiten von Schranktüren.)

Aufhängen kann man nämlich fast alles. In einen Griff kann man ein Loch bohren und den Gegenstand an einen Haken hängen. Wenn das nicht geht, helfen an der Wand befestigte Klammern.

Küchenzubehör, Geräte und Körbe können dekorativ an der Wand oder an einem Gitter hängen. Drahtkörbe zum Aufhängen nehmen alles auf, von Kosmetika bis zu Zwiebeln.

An die Wand montierte Körbe sehen hübsch aus und sind praktisch für Post, Pflanzen, Trockenblumen und vieles andere.

Sperrige Dinge wie Staubsaugerzubehör, Zusätze für Küchenmaschinen, Saisonartikel, Teppichreste – lauter Sachen, die Sie nicht im Traum aufgehängt hätten – können Sie in Beuteln oder stabilen Plastiktüten aufhängen.

Es gibt spezielle Vorrichtungen zum Aufhängen von Fahrrädern, Werkzeugen, Skiern und Angeln. Utensilos bieten Platz für Putzmittel, Kosmetik, Bücher, Schuhe, Schreibmaterial...

Sie sehen also, man kann wirklich alles aufhängen. Wenn aus Mangel an anderen Möglichkeiten sehr viel aufgehängt werden muß, werden Sie es vielleicht manchmal ein bißchen unbequem finden. Aber für Dinge, die nicht so häufig gebraucht werden, ist es genau das richtige.

Platz für vieles: Schubladen

Eine weitere praktische Aufbewahrungsmöglichkeit sind Schubladen, in denen vieles verschwinden kann. Fast alles, was Sie in einem Regal unterbringen können, paßt auch in Schubladen – es sei denn, es ist zu sperrig. Es geht Ihnen vielleicht gegen den Strich, Bücher, Schuhe, Lebensmittel oder Geschirr in Schubladen unterzubringen. Aber warum nicht, wenn Sie viele Schubladen haben? Lassen Sie sich durch Vorurteile nicht behindern.

Und wenn Sie irgendwo noch Platz haben, stellen Sie ein Schubladenelement auf. Es gibt sie aus Holz, Kunststoff oder festem Karton, und sie sind ideal zum Aufbewahren von Kassetten, Nähzeug, Büromaterial oder Spielsachen.

Es gibt auch einzelne Schubladen zu kaufen, die Sie unter Regalbretter, Tische etc. montieren können – genau da, wo Sie sie brauchen.

Denken Sie praktisch

Wenn Sie neue Möbel anschaffen wollen, achten Sie dabei zugleich auf zusätzliche Aufbewahrungsmöglichkeiten. Kaufen Sie möglichst hohe Schränke und Regale. Niedrige sehen wunderschön aus, aber damit verschenken Sie eine Unmenge Platz.

Hüten Sie sich vor Möbeln, die nur einem einzigen Zweck dienen! Ein Tisch sollte nicht nur vier Beine, sondern auch Schubladen haben. (Manchmal muß Ihr persönlicher Geschmack vielleicht zugunsten Ihres Platzbedarfs zurücktreten.)

Vielleicht kann auch eine niedrige Truhe als Couchtisch dienen, und es gibt Sofas, die sich in Betten verwandeln lassen.

Unkonventionelle Lösungen

In manchen Bereichen sind wir oft allzusehr darauf festgelegt, dort nur bestimmte Dinge aufzubewahren, und machen deshalb nicht genug aus dem vorhandenen Platz. Wenn Sie im Schlafzimmerschrank noch freie Fächer haben, warum bringen Sie dort nicht Waschpulver, Grassamen, Lebensmittelvorräte oder Werkzeug unter? Die Regeln für die Aufbewahrung, die ich Ihnen genannt habe (Bequemlichkeit, leichte Erreichbarkeit etc.), sind wichtig und sollten soweit es geht berücksichtigt werden, aber manchmal ist es räumlich einfach nicht möglich, alles genau da unterzubringen, wo es am praktischsten wäre.

Wenn Sie sich in dieser Lage befinden, wenden Sie die Grundregeln nur für die Dinge an, die Sie regelmäßig benutzen. Aber wenn nötig, setzen Sie sich über Konventionen hinweg und bringen Sie die Gegenstände (ordentlich und beschriftet) an anderen Stellen unter. Ihrer Erfindungsgabe sind keine Grenzen gesetzt!

Wenn Sie Ihr persönliches Aufbewahrungssystem eingerichtet haben, geben Sie ihm eine Chance, sich zu bewähren. Vielleicht fühlen Sie sich zunächst etwas fremd damit, aber bleiben Sie dabei – Sie werden sich schnell daran gewöhnen und die Vorteile zu schätzen wissen.

Legen Sie immer alles an seinen Platz zurück, damit auch Ihre Familie lernt, was wohin gehört.

Wiederholung ist wichtig für alle Arten von Lernen.

Noch Probleme?

Notieren Sie sich alles, was oft verlegt wird oder verlorengeht. Gibt es dafür einen bestimmten Platz? Ist dieser Platz bequem zu erreichen? Ist der Platz da, wo der Gegenstand gebraucht wird? Ist es schwierig, an den Gegenstand heranzukommen oder ihn wegzuräumen? Ist er bei den Dingen untergebracht, mit denen zusammen er oft gebraucht wird? Muß er vielleicht doppelt angeschafft werden? Muß er (oder sein Platz) beschriftet werden?

Wenn Kämme, Kugelschreiber, Scheren, Klebeband – was auch immer – regelmäßig unauffindbar sind, stellen Sie sich diese Fragen. Ich garantiere Ihnen, Sie werden die Ursache herausfinden und zu einer besseren Lösung kommen!

Sicher verstehen Sie jetzt, warum Übersichtlichkeit und Bequemlichkeit so wichtige Arbeitserleichterungen sind. Stellen Sie sich vor, wieviel einfacher Ihr Leben wäre, wenn alles seinen bestimmten Platz hätte.

Davon sind Sie nur noch einen Schritt entfernt: Tun Sie ihn!

Kapitel 8

Nicht resignieren – delegieren!

«Jeder, der dumm genug ist, diesen Raum zu betreten, muß die Notrufnummer kennen», murmelte ich, als ich über den Hockeyschläger und die Knieschützer stolperte, die in der Tür lagen. Entsetzt trat ich zurück, um das Schlachtfeld zu überblicken. Es sah aus wie nach einem Erdbeben.

Das Küchensieb (das jemand als Schmetterlingsnetz benutzt hatte) hing am Türgriff. Die erste Puppe meiner Tochter (ihres Haares beraubt) lag auf einem Stapel mit Videospielen. Ein Kind hatte das «Verliert-das-Kaugummi-über-Nacht-seinen-Geschmack»-Experiment am Bettpfosten gemacht. Fußballshorts, Turnschuhe und Socken waren überall verstreut. Unter dem Bett stand eine halbvolle Schüssel mit Haferbrei von zementähnlicher Konsistenz.

Diese abschreckende Beschreibung bringt mich zur fünften Arbeitserleichterungstechnik: Zusätzliche Vereinfachungen.

Was sind zusätzliche Vereinfachungen? Das sind einfache Investitionen, die reiche Zinsen tragen. Zum Beispiel beim Kochen: Sie kochen die dreifache Menge eines Gerichts und frieren zwei Portionen für später ein. Sie machen also eine Investition, die sich dreifach auszahlt.

Kürzlich hörte ich eine Hausfrau die simple Methode preisen, die Toilette mit einer Gebißreinigungstablette zu säubern. «Einfach hineinwerfen, kurz einwirken lassen, ein bißchen bürsten und spülen», erklärte sie. Schade, daß diese Frau noch nie etwas von zusätzlichen Vereinfachungen gehört hatte. (Sonst hätte sie die dritten Zähne gleich mitgereinigt und mit dem gleichen Zeitaufwand zwei Dinge erledigt.)

Im Haushalt sind oft gleichzeitig mehrere Tätigkeiten im Gang. Die Waschmaschine und die Spülmaschine laufen, während jemand den Fußboden schrubbt. Einer leert den Mülleimer aus, während der andere das Badezimmer putzt oder die Betten macht. Verschiedene Sachen werden zur gleichen Zeit erledigt. Manchmal ergibt sich diese angenehme Kooperation nicht automatisch. In Wirklichkeit versuchen Psychologen, Kinderärzte und vor allem die betroffenen Eltern, das Geheimnis zu enträtseln, wie man Kinder zur Mitarbeit im Haushalt bewegt – die größte aller zusätzlichen Erleichterungen.

Wenn ich eine narrensichere Methode wüßte, wäre ich mit Sicherheit mindestens Millionärin. Aber, wie so viele andere vor mir, kann ich nur Vorschläge machen und Erfahrungen weitergeben, die ich selbst gemacht habe. Ich kenne ein paar Möglichkeiten, die gut funktionieren, und die werde ich Ihnen verraten. Aber letztlich liegt die Verantwortung bei Ihnen.

Ich habe Familien erlebt, die großen Erfolg damit hatten, und andere, die sich fürchterlich abmühten. Ich kenne eine Frau, Mutter von elf Kindern, die ihren Haushalt so effizient führt wie ein Industrieunternehmen. Sie beschrieb die Philosophie, mit der sie eine derartig kooperative Familie herangezogen hat: «Kinder machen das, woran man sie gewöhnt hat.»

Das Geheimnis sind Sie selbst. Sie müssen bereit sein, Aufgaben an Ihre Kinder zu delegieren, sie ihnen zu erklären und sie daran zu gewöhnen, indem Sie konsequent bleiben und ihnen überdies immer ein Beispiel geben. Erfolgreiche Eltern sind die, die bereit sind, ein Delegationsprogramm wirklich durchzuhalten. Das heißt, Sie müssen aufhören, impulsiv zu handeln und nur um Hilfe zu bitten, wenn Sie sie brauchen, sondern auf regelmäßiger Mithilfe bestehen. Konsequent sein heißt auch, daß Sie, nachdem ein Auftrag vergeben ist, das Ergebnis begutachten und loben. Es liegt nicht am Programm, sondern an Ihnen!

Lernen Sie delegieren

Wenn es nur so einfach wäre, es anders zu machen! Ich gebe zu, daß ich immer Probleme delegiert habe. (Ich habe immer nur um Hilfe gebeten, wenn ich sie brauchte.) Und ich weiß, weshalb es mir so schwer gefallen ist, zu delegieren. Hier ist eine Liste meiner «vernünftigen» Argumente:

1. Es ist einfacher, wenn ich es selbst mache.
2. Wenn ich es selbst tue, wird es wirklich so gemacht, wie ich es möchte.
3. Ich habe nicht genug Zeit, um mich bei der Arbeit auf das Tempo der Kinder einzustellen.
4. Ich habe keine Zeit, mit ihnen zu üben.
5. Eigentlich ist die Arbeit ja auch gar nicht so schlimm.
6. Ich rede mir nicht gerne den Mund fusselig.

Als die Kinder noch klein waren, habe ich diesen Sätzen von ganzem Herzen zugestimmt. Aber jetzt, wo sie älter sind, will ich mich nicht mehr ganz und gar nach ihren Launen richten. Im Lauf der Zeit bin ich in ihren Augen grenzenlos belastbar geworden, und nun zahle ich den Preis dafür. Trotzdem brauchte ich ein paar Erfahrungen, die mir die Augen geöffnet haben, um meine Irrtümer einzusehen. (So wie jener Abend, an dem ich die Küche auf Hochglanz gebracht habe, um nicht gleich nach dem Aufwachen mitten in dem Durcheinander zu stehen. Und am Morgen standen dann wieder schmutzige Teller auf dem Tisch, Cornflakes waren ausgekippt und Milch verschüttet.) Wenn Ihre Kinder noch klein sind, lernen Sie aus meinen Fehlern, und fangen Sie jetzt an! Ich habe heute unendlich viel mehr zu tun als vor fünf Jahren, und ich brauche die Hilfe der Kinder dringend. Vielleicht sollte ich edlere Gründe dafür haben, Aufgaben an sie zu delegieren, wie ihre Selbstachtung zu unterstützen und ihre Fähigkeit, Verantwortung zu übernehmen, zu entwickeln. Aber die einfache Wahrheit ist, daß ich Hilfe brauche – und Sie auch.

Was sind die Voraussetzungen für erfolgreiches Delegieren? Hier ist eine Liste:

- Diskussion
- Überflüssige Arbeit abschaffen
- Wer kann's am besten?
- Bleiben Sie fair
- Die richtigen Hilfsmittel verwenden
- Übung
- Konsequenz
- Kein Zurückdelegieren
- Lob und Belohnung

Es geht nicht ohne Diskussion

Der erste Schritt ist eine Diskussion. Das kann eine Familienkonferenz oder ein Gespräch unter vier Augen sein. Vergessen Sie nicht, es geht um ein Gespräch und nicht um eine Standpauke. Sagen Sie jedem Kind, daß Sie seine Hilfe brauchen. Eine Freundin von uns, Mutter von sieben Kindern, machte ihrer Familie sehr überzeugend klar, daß sie ihre Hilfe brauchte.

Alle versammelten sich im Wohnzimmer; jeder bekam ein Stück Brot. Als sie ein Zeichen gab, krümelte jeder sein Brot auf den Fußboden. Dann bat sie eins der Kinder, jedes Krümelchen aufzuheben. Die

Familie stoppte die Zeit, die das Kind dazu brauchte. Dann wurde das Brot wieder auf den Fußboden gestreut, und diesmal halfen alle beim Aufsammeln. Auch diesmal wurde die Zeit gestoppt – und sie war viel kürzer. Sogar das jüngste Kind konnte dank dieser anschaulichen Demonstration begreifen, worum es ging.

Finden Sie im Gespräch heraus, was jedes Kind am liebsten machen würde. Sammeln Sie die Ideen der Kinder. Wollen sie eine Aufgabe für eine Woche oder einen Monat übernehmen? Wann wollen sie sie erledigen – vor der Schule oder nach der Schule? Lassen Sie die Kinder auch eine Belohnungsliste machen – Dinge, die sie gerne hätten, wenn sie eine Arbeit gut gemacht haben. Besprechen Sie auch, was geschehen soll, wenn eine Arbeit nicht gemacht wird. Wenn das alles eindeutig festgelegt ist (was die Kinder zu tun haben, was sie erwarten können, wenn sie es tun, was sie erwarten können, wenn sie es nicht tun), dann sind die Kinder in der Lage, die Verantwortung für ihre Aufgaben zu übernehmen. Sie müssen dafür sorgen, daß die Regeln eingehalten werden. Wenn die Kinder von Anfang an einbezogen werden, fühlen sie sich eher wie Mitglieder eines Teams und nicht so sehr wie Hilfskräfte. Ein gutes Gespräch, an dem sie wirklich beteiligt werden, stärkt außerdem das Zusammengehörigkeitsgefühl der Familie. Entscheiden Sie mit jedem Kind gemeinsam, wie perfekt eine Arbeit gemacht werden soll. (Keine Wasserspritzer auf den Armaturen; alle Socken in der Schublade; glattgezogene Laken, aber nicht wie im Krankenhaus.) Wann ist ein Zimmer aufgeräumt? Soll die Fensterbank freigeräumt werden? Wie soll der Garten nach dem Unkrautjäten aussehen? Müssen die Geräte anschließend weggeräumt werden? Wenn Sie sich von vornherein auf Regeln einigen, vermeiden Sie einen Haufen Entschuldigungen («Ich wußte nicht, daß ich das machen sollte.» «Das hast du aber nicht gesagt!» usw.).

Einigen Sie sich auch auf eine Zeit, zu der die Arbeit gemacht werden soll. Bedenken Sie, daß Sie dabei fair bleiben müssen. Die Kinder sollen sich kooperativ verhalten, also müssen Sie es auch. Machen Sie eine Zeit aus, die für beide Seiten angenehm ist. Wenn die Arbeit beendet ist, sprechen Sie noch einmal darüber. Wie ist sie gelungen? Kann man sie einfacher und schneller erledigen? Was ist schiefgegangen?

Machen Sie nichts komplizierter, als es ist. Wenn Sie etwas delegieren, ist Fragen besser als Befehlen. Eine Frage ist eine positivere Botschaft an den Empfänger. Sie läßt ihn wissen, daß Sie offen für Vorschläge und bei möglichen Konflikten bereit zum Zuhören sind. Wenn auch die Arbeit selbst nicht abgelehnt werden kann, so kann man doch über das Wann und Wie reden. Fragen sorgt für eine bessere Beziehung, und dann ist auch die Bereitschaft zur Kooperation größer.

Überflüssige Arbeit abschaffen

Wenn Sie gemeinsam festgelegt haben, was getan werden muß, gehen Sie die Liste noch einmal durch. Läßt sich noch etwas streichen? (Den Keller scheuern, die Buchstützen polieren, die Bilder täglich abstauben.) Wenn Sie es sich leisten können, sollten Sie auch über eine bezahlte Hilfe nachdenken, um die Arbeitslast zu verringern. Und lassen Sie die Kinder niemals eine Arbeit tun, nur weil es «gut für sie ist».

Wer kann's am besten?

Suchen Sie für jede Arbeit die geeignetste Person aus. Dabei fangen Sie am besten mit dem kleinsten Kind an. Oft hilft es besonders gerne mit, aber bei genauer Betrachtung gibt es dann gar nicht so viel, was es tun kann. (Aber sogar ein Kleinkind kann schon seine Windel wegwerfen!)

Wenn Sie ein behindertes Kind haben, bedenken Sie es zuerst. Geben Sie ihm eine Chance, mitzumachen, ohne es zu über- oder unterfordern.

Vergessen Sie bei der Arbeitsverteilung auch nicht die physischen Grenzen und die Stundenpläne und Termine der Kinder und nicht zuletzt ihre Interessen. Das ist zwar eine Sache des gesunden Menschenverstandes, aber gerade weil es so offenkundig ist, wird es leicht übersehen.

Bleiben Sie fair

Achten Sie daruf, daß Sie keine Arbeiten an die Kinder delegieren, die Sie selbst ungern tun. Damit vermitteln Sie den Kindern, daß die Arbeit lästig ist und daß man sie am besten vermeidet. Und diese Haltung übernehmen Kinder nur zu schnell.

Meine Mutter ist meine beste Freundin, und ich liebe sie sehr, aber bis auf den heutigen Tag erinnere ich mich, daß ich immer gedacht habe: «Wieso hat sie überhaupt geheiratet, wenn sie keine Lust zu dieser Arbeit hat?», wenn ich Abwaschen oder Staubwischen sollte. Ich hatte immer das Gefühl, ich tue die Arbeit meiner Mutter.

Und womöglich geht es Ihren Kindern genauso. Versuchen Sie es mal mit Tauschen. Wenn Sie ungern kochen oder einkaufen, tauschen Sie einmal wöchentlich das Putzen eines Zimmers gegen einen Einkauf oder das Kochen einer Mahlzeit.

Die Kinder können natürlich auch untereinander tauschen. Dann fühlen sie sich verantwortlicher, und sie bleiben mit Interesse bei der Sache. Wenn Sie das alles im Kopf haben, können Sie an die Verteilung der Arbeiten gehen. Der Haushaltsplan (S. 57–60) kann Ihnen dabei helfen.

Mit 14 Jahren sollte ein Kind alles können, was Sie auch können. (Wäre das nicht ein paradiesischer Zustand?) Aber während Ihr Vierzehnjähriger sich vielleicht allein waschen und anziehen kann, ist er womöglich nicht in der Lage, sein Bett zu machen, den Tisch abzuräumen oder den Müll nach draußen zu bringen – weil er es nicht gelernt hat. Das müssen Sie jetzt schleunigst nachholen!

Delegieren nach Maß

Werfen Sie einen Blick auf die untenstehende Liste. Sie ist in vier Bereiche aufgeteilt: Hygiene, Mahlzeiten, Kleidung und Aufgaben im Haushalt. Entscheiden Sie für jede Kategorie, was Ihr Kind kann. Mit zunehmendem Alter werden seine Fähigkeiten wachsen. Wenn Ihr Vierzehnjähriger noch am Anfang der Liste steht, sorgen Sie dafür, daß er möglichst schnell das Ende erreicht. Ein kleineres Kind braucht natürlich mehr Zeit.

Hygiene:
Hände waschen
Zähne putzen
Baden
Haare waschen und fönen

Kleidung:
Alleine anziehen
Kleidung wegräumen
Passende Kleidung aussuchen
Wäsche sortieren
Waschmaschine bedienen
Einfache Reparaturen (mit Nadel und Faden)
Kompliziertere Reparaturen (Nähmaschine)
Bügeln

Mahlzeiten:
Alleine Essen
Wissen, wo Grundnahrungsmittel zu finden sind (Brot, Butter, Milch)
Grundnahrungsmittel zubereiten (Cornflakes, Butterbrot)
Einfache Mahlzeiten zubereiten
Eine Mahlzeit planen (Einkaufszettel schreiben, Einkaufen)
Eine komplette Mahlzeit zubereiten

Aufgaben im Haushalt:

Aufräumen (Spielsachen, Kleidung)
Mülleimer ausleeren
Betten machen
Tisch decken (das führt von selbst zum Tischabräumen, Abwaschen, die Spülmaschine bedienen)
Staubwischen
Staubsaugen
Fußböden und Fenster putzen
Haushaltsgeräte bedienen

In dieser Liste sind gewisse allgemeine Punkte nicht enthalten, die Ihnen vielleicht irgendwann ebenfalls wichtig erscheinen. Das Kind sollte lernen, die Wohnung zu- und aufzuschließen, und wissen, wo der zweite Hausschlüssel ist, wo Medikamente aufgehoben werden, wogegen sie helfen und wem sie gehören, wie es zum Zahnarzt und zum Arzt kommt, wie man einfache Werkzeuge handhabt (Hammer, Zange, Schraubenzieher), wie man eine Sicherung oder eine Glühbirne auswechselt usw.

Die Liste sollte alles enthalten, was Sie können – vom Wechseln eines Autoreifens bis zum Bezahlen einer Rechnung. Mit ein bißchen Phantasie können Sie alle möglichen interessanten Arbeiten delegieren.

Abwechslung ist wichtig – nicht nur, um die Fähigkeiten und die Selbstachtung der Kinder zu entwickeln, sondern auch, um Langeweile zu vermeiden und ihr Interesse wachzuhalten. Wenn Sie Eintönigkeit oder Langeweile befürchten, geben Sie dem Kind mehr Verantwortung.

Übung macht den Meister

Nun folgt ein kleiner Schritt, der zwar eigentlich selbstverständlich, aber vielleicht sogar das Geheimnis erfolgreichen Delegierens ist. Wer Übung hat, geht zuversichtlich an die Arbeit und weiß, daß er Erfolg haben wird. Aus dem gleichen Grund sind auch die richtigen Hilfsmittel wichtig.

Bei jeder Arbeit suchen wir nach dem einfachsten Weg. Wenn etwas unbequem oder schlecht erreichbar ist, verlieren wir die Lust. Denn jede zusätzliche Bewegung macht eine Arbeit auch psychisch schwieriger. Kindern geht es genauso. Wenn Sie also Ihre Kinder um Hilfe bitten, machen Sie es Ihnen möglichst einfach. In der Küche richten sie leicht ein Chaos an, weil sie vieles nicht erreichen. Sorgen Sie daher für eine stabile Trittleiter, auf der sie stehen können.

Achten Sie darauf, daß alles, was die Kinder brauchen, leicht erreichbar ist. Wie würden Sie sich fühlen, wenn Sie jedesmal auf den Küchentisch klettern müßten, wenn Sie etwas trinken oder sich ein Butterbrot machen wollen? Sie würden davor zurückscheuen, und genauso geht es den Kindern.

Alles, was die Kinder benutzen, sollte zu ihren kleinen Händen passen. Machen Sie es Ihnen so einfach wie möglich: mit kleineren Gartengeräten und Besen, einem in ihrer Höhe angebrachten Spiegel, erreichbaren Haken, niedrigen Kleiderstangen, leichten Gegenständen. Alles sollte ihrer Größe und ihren Fähigkeiten angepaßt sein.

Machen Sie Ihren Kindern ihre Pflichten so einfach – und unterhaltsam – wie möglich, und Sie werden überrascht sein von den Ergebnissen. Wenn Sie Kindern eine Sprühflasche mit einem Reinigungsmittel, ein Wischtuch und einen Eimer Wasser geben, putzen sie einfach alles! Machen Sie sich selbst mit einfachen Methoden vertraut, die Sie Ihren Kindern weitervermitteln. Viele Tips gibt z. B. Don Aslett in «Putzen mit Köpfchen», erschienen im Cadmos Verlag. Er zeigt Ihnen, wie Sie nicht nur Zeit, sondern auch eine Menge Geld sparen. Sie lernen zum Beispiel, ein Badezimmer in fünf Minuten zu putzen und dabei mit einem einzigen Reinigungsmittel auszukommen. Stellen Sie sich vor, wie begeistert Ihre Familie mitmachen wird, wenn alles so einfach und schnell geht!

Sie können den Kindern (und sich selbst) das Aufräumen erleichtern, wenn Sie in das Zimmer, das «dran» ist, zwei große Plastikkörbe und einen Müllbeutel stellen. In den einen Korb kommt die schmutzige Wäsche, in den zweiten alles, was nicht in dieses Zimmer gehört, und der Müll kommt gleich in den Beutel. So geht alles viel schneller, und damit wird die Arbeit auch attraktiver. Probieren Sie es aus – Sie werden es erleben!

Ein unsichtbares, aber notwendiges Hilfsmittel ist Zweckmäßigkeit. Ich habe festgestellt, daß Unzweckmäßigkeit die häufigste Ursache für Ärger zwischen Eltern und Kindern in bezug auf die Hausarbeit ist. Wenn Sie die Regeln fürs Aufbewahren, die ich Ihnen im vorigen Kapitel geschildert habe, anwenden, sind Sie Ihrem Ziel – einem organisierten Leben mit Kindern – einen Riesenschritt nähergekommen.

Zur Wiederholung: Wenn Gegenstände zweckmäßig aufbewahrt werden, dann sind sie da zu finden, wo sie gebraucht werden, sie sind beschriftet und so untergebracht, daß sie leicht zu finden und wegzuräumen sind.

Vier Lernschritte für kleine Helfer

Bevor Sie mit einem Kind eine Arbeit üben, zerlegen Sie sie in kleine Häppchen. «Räum dein Zimmer auf» ist eine Abfolge kleiner Tätigkeiten, die sich zu einem größeren Ganzen addieren: das Bett machen, Spielzeug aufräumen, Bücher wegräumen, Kleider aufsammeln, Regal in Ordnung bringen, Staubwischen, Staubsaugen. Das alles zusammen bedeutet: «Räum dein Zimmer auf.»

Schreiben Sie jede Tätigkeit auf (oder malen Sie ein Bild dazu), damit das Kind genau weiß, was es tun soll. So gibt es keine Mißverständnisse. Wenn die Arbeit in ihre Bestandteile aufgegliedert ist, zeigen Sie dem Kind im ersten Schritt, wie alles gemacht wird. Vielleicht wiederholen Sie das ein paarmal, bevor das Kind die Aufgabe selbst übernimmt. («Ich spritze nur wenig Glasreiniger auf den Spiegel, damit es nicht schmiert und keine Streifen gibt.» «Ich stecke das Laken rundum unter die Matratze, damit es nicht verrutscht, wenn du schläfst. Und so sieht es auch ordentlicher aus.») Zeigen Sie dem Kind immer die großen Sachen zuerst. (Das Bett machen, den Tisch aufräumen). Auf diese Weise ist ein großer Teil des Zimmers rasch fertig. Es sieht bereits viel ordentlicher aus, und das Kind sieht schnell einen Erfolg.

Im zweiten Schritt machen Sie die Arbeit mit dem Kind zusammen – vielleicht eine Woche lang, wenn sie täglich getan werden muß.

Viele Eltern klagen darüber, daß die Kinder die Sachen nicht dorthin zurücklegen, wo sie hingehören. Ein Grund mag sein, daß der Aufbewahrungsort nicht zweckmäßig ist, aber ein anderer Grund für dieses weitverbreitete Problem ist, daß die Eltern nicht so lange mit dem Kind zusammen geübt haben, daß es genau weiß, wo alles hingehört. Also nehmen Sie sich Zeit dafür – es lohnt sich!

Der dritte Schritt besteht darin, daß das Kind die Arbeit alleine macht, während Sie zuschauen. Loben Sie alles, was das Kind richtig gemacht hat, egal, wie bedeutend es ist. Wenn eine Korrektur notwendig ist, seien Sie rücksichtsvoll und packen Sie sie in lobende Bemerkungen ein.

Konstruktive Kritik wird gerne angenommen, wenn sie in eine Frage gekleidet ist wie z. B.: «Wie sieht dein Zimmer deiner Meinung nach aus? Was könntest du tun, damit es noch besser aussieht?»

Nach einer Weile sind Sie reif für Schritt vier: den Tag der Unabhängigkeit. Das ist der Tag, von dem an das Kind die Arbeit alleine macht. Wenn Sie sich darauf geeinigt haben, was «gut genug» ist, weiß das Kind, wann es die Arbeit richtig gemacht hat. Trotzdem vergessen Sie nicht, sich das Ergebnis anzusehen.

Wenn das Kind geschickter geworden ist, ermutigen Sie es, die Arbeit so zu machen, wie es ihm am besten gefällt – solange das Ergebnis in Ordnung ist. Sie zeigen dem Kind zum Beispiel, wie man das Fenster mit einem Tuch putzt. Später möchte es vielleicht lieber einen Gummiwischer benutzen. Die Methode sollte nicht vorgeschrieben werden, sondern nur das Ergebnis. (Es sei denn, die Methode ist verschwenderisch oder in anderer Hinsicht inakzeptabel.) Zu viele Einschränkungen behindern das Wachstum, die Kreativität und das Interesse des Kindes.

Konsequent bleiben

Wenn das Kind die Arbeit alleine macht, bestehen Sie auf Regelmäßigkeit. Wenn nötig, unterbrechen Sie es beim Spielen, um eine Arbeit fertigzumachen oder noch einmal zu machen, wenn es sie schlampig erledigt hat.

Aber nicht nur die Kinder müssen zur Regelmäßigkeit angehalten werden, auch wir Erwachsenen müssen uns immer wieder dazu ermahnen. Wen wir an einem Tag hinter den Kindern aufräumen und am nächsten erwarten, daß sie es selbst tun, geben wir ihnen eine doppelte Botschaft und vermitteln ihnen, daß ihre Hilfe doch nicht so wichtig oder notwendig ist. Egal, wie Sie sich verhalten – Ihr Beispiel wird nachgeahmt, im Guten wie im Schlechten. Wenn Sie den Kindern nicht beibringen, ihre Sachen wegzuräumen, bringen Sie ihnen bei, ihre Sachen herumliegen zu lassen. Und zudem lernen die Kinder, die Unordnung zu ertragen.

Täglich ist wichtig

Zur Konsequenz gehört auch, sich täglich um die Hausarbeit zu kümmern. Protest erhebt sich, wenn jemand mit dem entschiedenen Kommando: «Räum dein Zimmer auf!» in einen Saustall geschickt wird. Das Kind (und Sie auch) fürchten sich vor dieser langwierigen, mühsamen Tätigkeit. Das Kind wird herumtrödeln, weil es weiß, daß es sowieso so lange dauert, daß es seine Lieblingssendung im Fernsehen nicht sehen oder seinen Freund nicht mehr besuchen kann. Warum sich also beeilen? Der Tag ist sowieso verdorben. Ihre regelmäßige Entgegnung: «Wenn du dich beeilst, dauert es nicht lange!» macht natürlich keinerlei Eindruck.

Stellen Sie sich vor, wieviel besser Sie beide dran wären, wenn das Kind sich jeden Tag um sein Zimmer gekümmert hätte. Fünf oder zehn

Minuten täglich sind viel leichter zu ertragen als zwei Stunden am Samstag.

Sie wissen es selbst – wenn alles erst einmal organisiert und aufgeräumt ist, dauert es nur ein paar Sekunden oder Minuten am Tag, damit es so bleibt. Aber es dauert Stunden, wenn man wieder von vorne anfängt. Nichts bleibt von selbst ordentlich. Dafür müssen wir sorgen, und wenn wir es nicht tun, müssen wir immer wieder neu anfangen. Dieser abstoßende Gedanke sollte Sie zu der Gewohnheit bringen, alles Wichtige täglich zu tun.

Wir versuchen zu Hause, einmal am Tag alles an seinen Platz zu bringen. Wenn ich eine Schublade öffne und etwas finde, das dort nicht hingehört, dauert es nur ein paar Sekunden, es an den richtigen Platz zu bringen oder auf den «Erst mal»-Platz zu legen. Ständige Wiederholung ist notwendig, damit jeder lernt, wo die Dinge hingehören. (Das funktioniert natürlich nur, wenn auch alles seinen festen Platz hat.)

Zur Aufrechterhaltung von Sauberkeit und Ordnung ist es aber auch wichtig, neben der täglichen Routine an die langfristige Instandhaltung zu denken. Eine gut gepflegte Wohnung spart viel Zeit und Geld. Wenn Sie alles pflegen, was Sie besitzen, müssen Sie nicht ständig Spielzeug, Möbel, Werkzeug und Geräte ersetzen. Sie müssen nicht so oft streichen oder tapezieren und seltener Großreinemachen. Ich kenne einen wohlhabenden Mann, der seinen Erfolg der Pflege seiner Besitztümer zuschreibt: Er behauptet, daß seine Ersparnisse immer größer werden, weil er selten etwas erneuern muß. Als einfaches Verfahren dazu empfiehlt er, die Gebrauchsanweisungen der Geräte zu lesen.

Eine meiner Freundinnen glaubt fest an das Prinzip des Instandhaltens. Sie hat immer kleine Dosen oder Gläser mit Farbe zur Hand, um abgestoßene Stellen mit einem Stückchen Schwamm auszubessern. Das hat sie zu einem Teil ihrer wöchentlichen Routinearbeiten gemacht. (Wenn sie eine Farbe auf Ölbasis verwendet, friert sie den Pinsel ein. Einfach kurz antauen, und sie ist gebrauchsfertig.)

Instandhaltung – sowohl auf lange Sicht als auch als Teil der täglichen Routine – beugt Zeitverschwendung und unnötiger Arbeit vor!

Kontrolle muß sein

Fabriken versehen ihre Produkte mit einem Kontrollzettel; und wieso wird der barsche Verkäufer sofort freundlicher und zuvorkommend, wenn wir ihn nach seinem Namen fragen?

Auch Manager wissen schon lange, daß Menschen besser arbeiten, wenn sie mit ihrem Namen für das Ergebnis einstehen. Wenn Sie wissen, daß jemand sehen wird, was Sie getan haben, geben Sie sich noch ein ganz kleines bißchen mehr Mühe, stimmt's? Bei Kindern ist es ganz genauso. Sie tun nur das, was Sie auch kontrollieren, nicht das, was Sie lediglich erwarten.

Kein Zurückdelegieren!

Hier fangen die Probleme wirklich an. «Warum muß ich immer die ganze Arbeit machen?» «Ich hab's vergessen.» «Igitt!» «Ich hab die Unordnung nicht gemacht!» «Ich bin nicht dran!» Seufz! Stöhn! Ächz! Kein Wunder, daß wir denken, es ist einfacher, wenn wir es selbst machen.

Aber gerade jetzt müssen Sie hart mit sich selbst bleiben! Diese Beschwerden sind nichts weiter als schlau verpackte Versuche, Ihnen die Arbeit doch wieder aufzuhalsen – und unglücklicherweise klappt das ziemlich oft. Die Kinder tun uns leid, oder wir eilen zu ihrer Rettung herbei, «nur dieses eine Mal», und bald haben die Kinder uns da, wo sie uns haben wollen – am Spülbecken, unter dem Bett auf der Suche nach vermißten Schuhen, alles hinter ihnen herräumend.

Unser ältester Sohn ist besonders talentiert in diesem Punkt. Seine wesentliche Taktik dabei ist, einen Haufen Fragen zu stellen. «Wie klein soll ich das Fleisch schneiden? Soll ich es gleich in den Topf legen? Was muß noch dazu? Wie lange dauert es, bis es braun ist?» Das Kind ist vierzehn Jahre alt, und man braucht nicht unbedingt einen Doktorhut, um ein Gulasch anzubraten. Aber er weiß, wenn er mich nur oft genug fragt, mache ich es lieber gleich selbst.

Für mich hat es sich als beste Lösung erwiesen, ein paar ermutigende Worte zu sagen und den Raum zu verlassen. Auf diese Weise entziehe ich mich dem Spiel. Das funktioniert auch, wenn ich in Versuchung bin, eine Arbeit doch selbst zu übernehmen. Manchmal greift es meine Nerven an, wenn ich sehe, wie ein Kind mit dem Kartoffelschäler kämpft, versucht, eine Tagesdecke übers Bett zu zerren, umständlich die Wäsche zusammenlegt oder unbeholfen staubsaugt. Wenn es kein Sicherheitsrisiko ist, gehe ich aus dem Zimmer. Auf diese Weise vermeide ich Überlegenheitsgefühle («Ich kann es besser und schneller») und Mitleid («Er ist so klein. Er tut, was er kann. Er wäre so glücklich, wenn ich ihm helfen würde.») Gegen solche Situationen müssen Sie sich wappnen. Obwohl ich automatisch annehme, daß all das Gejammer, das Theater, das Herumpfuschen und die Trägheit Versuche sind, mir die Arbeit aufzuhalsen, sind diese Probleme auch gelegentlich Signale, daß Sie dem Kind alles nicht gründlich genug erklärt und gezeigt haben. Wäre mein Sohn sieben Jahre alt gewesen, und hätte er nicht schon ein paarmal Gulasch gekocht, dann hätte ich seine Fragen akzeptiert. Gehen Sie dem Protest also auf den Grund. Wenn das Kind ausreichend geübt hat und sonst in diesem Bereich gut zurechtkommt, dann können Sie mit Recht annehmen, daß es sich hier um den Versuch handelt, die Arbeit an Sie zurückzudelegieren. Ansonsten müssen Sie mit dem Kind noch mehr üben. Ich kann mich noch gut an meine eigenen Versuche auf diesem Gebiet erinnern. «Mama, ich bügle nur noch mehr Falten in die Sachen!» – «Papa, auf dem Fenster sind immer noch Streifen!» – «Ich weiß, daß mir die Sauce anbrennen wird!» – «Ich weiß nicht, wie das geht!»

Dummerweise war ich das sechste Kind, und meine Eltern kannten bereits alle Tricks. Unfehlbar sagten sie jedesmal: «Du machst das sehr gut!» oder: «Das findest du schon selbst heraus!» Ende der Diskussion. Ich lernte Bügeln, Fenster putzen, Kochen und die meisten Probleme selber lösen – dank kluger Eltern, die Zurückdelegieren nicht zuließen.

Lob und Belohnung

Erkennen Sie die Bemühungen der Kinder an. Loben Sie sie, wenn sie etwas gut gemacht haben. Meistens erwähnen wir nur die Dinge, die uns stören, stimmt's? Aber sie brauchen viel positive Bestärkung – Lob, Komplimente, Schulterklopfen. Wir sind alle Opfer des «Mach es richtig, und jeder vergißt es, mach es falsch, und jeder merkt es sich». Begehen Sie nicht den gleichen Fehler.

Für manche Menschen ist die Entdeckung, daß sie sich und andere motiveren können, die Entdeckung des Jahrhunderts. Mit den Kräften, die dadurch freigesetzt werden, können Sie so gut wie alles erreichen.

Hier sind ein paar Tricks, die ich von Super-Selbstmotivierern gelernt habe. Suchen Sie sich die aus, die Sie mit dem aufregenden Gefühl des Motiviertseins erfüllen. Und dann bringen Sie sie Ihrer Familie bei.

- *Setzen Sie sich einen Termin.* Das funktioniert am besten, wenn Sie ihn unbedingt einhalten müssen. Das geschieht dann, wenn andere einbezogen sind. (Sie haben Freitagabend Gäste, also muß die Wohnung bis dahin geputzt sein. Der Verlag erwartet das Manuskript am 1. Mai, also müssen Sie es schreiben.) Ein paar erfolgreiche Selbstmotivierer setzen sich freiwillig Termine, damit sie vorankommen.

- *Ändern Sie die Umgebung.* Manchmal ist eine kleine Veränderung alles, was Sie brauchen, um sich einen Ruck zu geben. Versuchen Sie, Ihren Arbeitsplatz attraktiver und einladender zu gestalten.

  Stellen Sie die Möbel um, hängen Sie ein neues Bild auf – oft reicht das schon, um Ihre Freude an der Arbeit wieder zu wecken. Diese Methode funktioniert auch bei Kindern sehr gut.

  Vielleicht ist aber auch eine größere Veränderung notwendig, zum Beispiel eine bessere Ausrüstung (eine neue Nähmaschine, eine elektrische Schreibmaschine, eine Stichsäge). Vielleicht haben Sie nur deshalb einen Horror vor der Arbeit, weil Ihre Werkzeuge veraltet sind.

  Vielleicht wollen Sie Ihren Arbeitsplatz ja auch ganz und gar verlegen? Mit ein paar Umbauten können Sie vielleicht die Küche in den Wohnbereich integrieren oder die Waschmaschine im Badezimmer installieren. Ihre Wohnung sollte funktional und anregend zugleich eingerichtet sein. Je besser alles auf Ihre Bedürfnisse abgestimmt ist, desto größer ist Ihre Motivation.
- *Wenn Sie morgens früher aufstehen wollen*, benutzen Sie einen Wekker, lassen Sie sich von der Post oder von einer Freundin wecken, die früh auf den Beinen ist. (Das funktioniert noch besser, wenn Sie aufstehen müssen, um ans Telefon zu gehen.)

  Auch ein Wecker funktioniert gut, wenn Sie aus dem Bett müssen, um ihn abzustellen. Wenn Sie ein hartnäckiger Fall sind, verlassen Sie sich nicht auf eine Radiouhr. Manchmal wiegt Sie die Musik gleich wieder in den Schlaf. Nehmen Sie einen rasselnden, scheppernden, klingelnden Wecker – und stellen Sie ihn ans andere Ende des Raums.

  Wenn es geht, legen Sie Verabredungen und Termine möglichst früh – auch das zwingt Sie, früh aufzustehen.
- *Suchen Sie sich Belohnungen aus.* Ich habe eine ganze Liste von Dingen, die ich gerne tue; wann immer ich eine Motivation brauche, schaue ich in die Liste und suche mir eine Belohnung aus. Diese Liste kann einfache Dinge enthalten wie ein entspannendes Bad, eine Stunde Lektüre oder einen Nachmittag auf dem Flohmarkt, oder anspruchsvollere wie ein neues Kleid, einen Abend in einem Restaurant oder einen Opernbesuch. Immer, wenn Ihnen etwas einfällt, schreiben Sie es auf. Bald werden Sie eine lange Liste von Dingen haben, mit denen Sie sich belohnen können.
- *Fragen Sie sich: «Wie lange wird es dauern?»* Ich habe es immer gehaßt, Bettwäsche zu wechseln. Deshalb habe ich einmal auf die Uhr gesehen, um festzustellen, ob es wirklich so lange dauerte, wie ich glaubte. Als ich sah, daß es nur fünf Minuten waren, wußte ich,

daß es gar keine große Sache ist, und habe mich nie mehr davor gefürchtet. Dasselbe habe ich mit dem Ausräumen der Spülmaschine, dem Weglegen der Wäsche und dem Fensterputzen in der Küche gemacht. Jede dieser Arbeiten dauert fünf Minuten oder weniger und ist mir jetzt nicht mehr ganz so verhaßt.

- *Fangen Sie einfach an.* Sagen Sie sich, daß Sie eine Tätigkeit einfach anfangen und fünf Minuten arbeiten wollen. Wenn die fünf Minuten vorbei sind, machen Sie nicht weiter, wenn Ihnen nicht danach ist, aber es kann sehr gut sein, daß Sie es wollen. Räumen Sie den Tisch ab, stellen Sie eine Vase mit Blumen darauf – und schon wünschen Sie sich, daß der übrige Raum genauso einladend aussieht. Spitzen Sie Ihren Bleistift, werfen Sie die Handtücher in die Waschmaschine – fangen Sie einfach an und erleben Sie, wie der Zauber wirkt.
- *Beenden Sie eine Arbeit!* Etwas fertigmachen, was man angefangen hat, ist die beste Art, sich selbst zu motivieren. Es bedeutet: «Sieh mal, was ich geschafft habe!» Es erzeugt Selbstvertrauen und das Gefühl: «Was kann ich als nächstes in Angriff nehmen?»

Motivationen für Kinder

Natürlich können Sie es mit Geld versuchen. Aber dazu gibt es durchaus kontroverse Meinungen. Manche sagen, daß nur Extraarbeiten bezahlt werden sollten und nicht die Arbeiten, die täglich anfallen. Andere sind der Ansicht, daß Kinder nur für Arbeiten außerhalb des Hauses bezahlt werden sollten, da Haushaltspflichten mit zur Verantwortlichkeit des Kindes gehören.

Wie Sie auch immer darüber denken, Sie müssen zugeben, daß Geld motiviert, und wenn das Kind Geld verdient, lernt es auch, damit umzugehen. Regelmäßige Bezahlung hilft dem Kind, mit seinem Geld zu wirtschaften und zu sparen. Überlegen Sie mit dem Kind zusammen, wie groß die Summe sein sollte. Dann muß sie auch regelmäßig bezahlt werden – halten Sie also am «Zahltag» die passende Summe bereit, damit Sie das Kind nicht vertrösten müssen.

Wenn sie sich mit dem Gedanken, Ihr Kind zu bezahlen, nicht anfreunden können, dann lassen Sie es eine Liste mit Belohnungen aufschreiben, aus der es sich dann einmal pro Woche oder pro Monat etwas aussuchen darf.

Auch ein Arbeitsplan, der als Poster an der Wand hängt, kann Kinder zur Arbeit motivieren. Sie können sich dann rechtzeitig darauf einstellen und wissen, was von ihnen erwartet wird. Außerdem sehen sie, daß die Arbeit gerecht aufgeteilt ist und daß wirklich alle mithelfen müssen, um sie zu schaffen. Ein entscheidender Nachteil daran ist allerdings, daß die Kinder schnell das Interesse verlieren, wenn der Plan nicht öfters ausgewechselt wird. So wie die Nase sich an ein Parfüm oder ein Rasierwasser gewöhnt, sehen die Augen nach einer Weile nicht mehr, was sie zu gut kennen. Das Poster ist also nur für eine Weile interessant; dann muß es ausgewechselt werden. Das kann ziemlich zeitraubend sein, es sei denn, Sie übertragen diese Aufgabe einem Kind.

Besser fahren Sie, wenn jedes Kind eine Liste mit den Arbeiten bekommt, die es erledigen muß. (Wahrscheinlich haben Sie schon gemerkt, daß ich gerne Listen mache und daß dies meine Lieblingsmethode ist!)

Sie können Listen auf verschiedene Art verwenden. Sie können sich zum Beispiel einmal in der Woche mit dem Kind hinsetzen und mit ihm gemeinsam einen Zeitplan (S. 44) ausfüllen. Oder Sie geben ihm jeden Tag eine Liste mit dem, was es tun soll.

Unsere Kinder haben alle einen Wochenplan, aber trotzdem brauche ich manchmal noch zusätzliche Hilfe. Dann gehe ich durchs Haus und schreibe für jedes Kind auf, was es tun soll. Diese Zettel verteile ich so rechtzeitig, daß sie sich darauf einstellen können.

Wenn vier Kinder mitmachen, sieht das Haus gleich besser aus. (Wenn alles gerecht aufgeteilt wird, ist die Liste für jedes Kind ziemlich kurz. Das schränkt die Klagen auf ein Minimum ein.)

Wenn ich sage: «Steven und Jeff, räumt euer Zimmer auf», gibt es sofort Streit. «Mama, Steven macht überhaupt nichts.» «Jeff, leg deine Bücher nicht auf mein Bett.» «Mama, Steven macht immer noch nichts.» Und jeder Streit (egal, aus welchem Grund) endet mit mindestens einem: «Das sag ich Mama!»

Mit der Listenmethode wird alles genau festgelegt. Statt: «Räum dein Zimmer auf» steht auf Jeffs Liste vielleicht:

- Leg deine schmutzige Wäsche in den Wäschekorb
- Räum die Bücher weg
- Räum die Legosteine weg
- Räum die Kassetten weg

Und auf Stevens Liste könnte stehen:

- Leg deine schmutzige Wäsche in den Wäschekorb
- Räum die Stofftiere weg
- Räum die Spielautos weg
- Räum die Malsachen weg

Jeder hat vier Dinge auf seiner Liste (um weiteren Streit zu vermeiden), und wenn alle acht getan sind, ist das Zimmer aufgeräumt.

Dazu muß ich noch sagen, daß ich nur fünf Minuten oder weniger brauche, um die Listen für meine vier Kinder zu schreiben, und sie sind die Zeit wirklich wert. Und weil Jeff gerade erst lesen lernt, steht auf der Liste eines seiner älteren Brüder meist noch: «Hilf Jeff, seine Liste zu lesen.»

Ich finde, jeder sollte Listen machen und sie benutzen. Man lernt dadurch, zu planen und sich so das Leben zu erleichtern. Die Listenmacher, die ich kenne, sind Leute, die Gebrauchsanweisungen lesen und befolgen und alles methodisch angehen. Und das ist meiner Meinung nach die beste Gewohnheit, die man Kindern beibringen kann.

Oder Sie verwenden die Methode: Zehn Arbeiten für eine Mark. Als die Jungen noch kleiner waren, gab es eine Menge Geschwisterrivalitäten. Daß sie alle Jungen waren, schien ein allgemeines Gefühl der Konkurrenz zu erzeugen. Der Vierjährige war alt genug, um zu wissen, daß er weniger Geld bekam als sein achtjähriger Bruder, und der Ältere ärgerte sich darüber, daß er mehr tun mußte als der Kleine. Das führte zu ständigen Streitereien.

Deshalb führten wir «Zehn Arbeiten für eine Mark» ein. Dieses System löste die frühere Art der Bezahlung ab. Es funktionierte so: Ich hatte eine Karte mit den Namen der drei Jungen in der Küche. Immer, wenn einer etwas erledigt hatte, kam ein Punkt neben seinen Namen. Jeder, der am Samstagnachmittag zehn Punkte hatte, bekam seine Mark. Waren es nur neun oder weniger, gab es nichts.

Dieses System funktioniert auch gut, wenn es zusätzlich zu den Listen mit den täglichen Pflichten benutzt wird. Natürlich kann man die Anzahl der Arbeiten und die Höhe der Summe verändern. Da sie keiner Vorbereitung bedarf, ist diese Methode ideal für berufstätige Eltern.

Bei uns funktionierte sie, weil eine Arbeit für den Vierjährigen zum Beispiel war, den Mülleimer auszuleeren, während der Sechsjährige das Spielzeugregal aufräumte. Obwohl der Umfang der Arbeit dem Alter angepaßt war, hatte im Bewußtsein der Kinder jeder zehn Aufgaben. Und ich hatte nie bereitwilligere Helfer als am Samstagmorgen, wenn ich am meisten zu tun hatte!

Mir gefiel das System auch wegen seiner Spontaneität. Immer, wenn ich Hilfe brauchte, rief ich: «Wer will einen Punkt verdienen?» Normalerweise hatte ich dann drei bereitwillige Helfer.

«Vorher» ist die beste Motivation überhaupt. Vor dem Vorlesen, vor dem Spielen, vor dem Essen ist die Bereitschaft, etwas zu tun, immer besonders groß. Aber «vor dem Zubettgehen» ist der absolute Renner!

Meine Kinder haben vor dem Zubettgehen Schnee geschaufelt, den Keller gefegt, ihre Schränke aufgeräumt und Legosteine der Größe nach sortiert. Vor dem Zubettgehen fallen ihnen alle Dinge ein, die sie noch tun könnten – Geschichten schreiben, Vokabeln wiederholen, Gedichte auswendig lernen. Erwähnen Sie das Wort «Bett», und Sie haben die eifrigsten Helfer!

Noch ein letzter Gedanke zur Motivierung von Kindern. Bereiten Sie sie vor. Sagen Sie ihnen, daß es Zeit zum Arbeiten, Zeit zum Zubettgehen (oder was immer) ist. Dann gibt es halb soviel Ärger, Widerstand und Streit.

Deshalb ist die wöchentliche Planungssitzung so wichtig. Die Kinder haben die Möglichkeit, an der Planung teilzunehmen und wissen daher im voraus, was sie erwartet. Und wenn Sie etwas von ihnen wollen, sagen sie es ihnen rechtzeitig. Das ist ein Gebot der Höflichkeit.

Delegieren hilft Ihnen, besser zu planen, und nimmt Ihnen das Gefühl, zu viel zu tun zu haben. Und es ist eine Möglichkeit für die Kinder, etwas zu lernen. Aber die wirkliche Belohnung ist die Zeit, die Sie für Ihre persönliche Entwicklung gewinnen.

Kapitel 9

Wenn nichts mehr geht

«Disziplin», las ich kürzlich, «ist mehr eine Art zu leben als eine Reihe einzelner Reaktionen. Eine konsequent disziplinierte Haltung kostet weniger Energie und erzeugt weniger Hektik als sporadische Versuche, zu Hause Ordnung zu schaffen.»

Eine unserer Bekannten ist Innendekorateurin, sehr erfahren in ihrem Beruf und stolz auf ihre Karriere. Neulich zeigte sie uns ihre hinreißende Wohnung, die ihr Talent überzeugend beweist. Als wir gingen, entschuldigte sie sich für das gelbe Spülbecken in ihrer Küche. «Welches gelbe Spülbecken?» Ich dachte nach. In ihrer Küche hatte ich mich gefühlt wie in einem kleinen südfranzösischen Dorf. Die rosa Tapete, die Holzregale, die üppigen Körbe und Pflanzen, die grünen Bäume, die durch die Fenster hereinlugten – das alles zusammen schuf die warme Atmosphäre eines französischen Landhauses. Ich hatte mit Sicherheit kein gelbes Spülbecken bemerkt.

Janet erklärte, daß sie das gelbe Spülbecken ersetzen würde, sobald sie es sich leisten könnte. Bis dahin würde sie die Augen zumachen und so tun, als existiere es nicht.

Janet hat strenge Maßstäbe, was Design betrifft. Deshalb weiß ich, wie schwer es für sie gewesen sein muß, das gelbe Spülbecken nicht zur Kenntnis zu nehmen. Aber sie tat es – und erteilte mir damit eine wichtige Lektion.

Wir haben alle irgendwo ein gelbes Spülbecken. Ihres ist vielleicht ein Ehemann, der jeden Fetzen Papier sammelt, dessen er ansichtig wird. Vielleicht haben Sie ein Kind im Teenageralter, das sein Zimmer weder selbst aufräumt noch es Ihnen erlaubt. Was ist, wenn jemand einfach nicht kooperieren will, trotz aller Ihrer Bemühungen? Was tun? Wie können Sie sich retten?

Viele der Vorschläge in diesem Buch (Dinge bequem unterzubringen, Planen, Ballast abwerfen, einen Haushaltsplan machen) werden Ihre Arbeit rationalisieren und Ihre drückendsten Probleme erträglicher machen.

Bei kleineren Kindern ist es einfacher, ihre Gewohnheiten und ihr Verhalten zu formen, indem Sie die Delegationsprinzipien anwenden, die Sie soeben gelernt haben. Fangen Sie damit an, wenn sie noch klein sind.

Wenn die Kinder älter werden, ist es schwieriger (und manchmal ganz unmöglich), sie zur Mitarbeit zu bewegen. Wenn Sie einem hoffnungslosen Fall begegnen (das kann auch Ihr Partner sein), helfen vielleicht die folgenden allgemeinen Ratschläge:

- Die erste Möglichkeit (vor allem bei Kindern) ist Disziplinierung. Wenden Sie die Maßnahmen an, auf die Sie sich in einer Familiendiskussion geeinigt haben. Gibt es Privilegien, die aufgehoben werden können? Kann das Kind die logischen Folgen aus seinem Verhalten riskieren? Wenn es zum Beispiel zu müde ist, um zu helfen, sollte es erst einmal schlafen, statt fernzusehen oder zu spielen. Wenn es seine Wäsche nicht in den Wäschekorb legt, hat es bald nichts mehr zum Anziehen. (Das versteht auch ein kleines Kind: Denn wenn es nichts zum Anziehen hat, kann es auch nicht nach draußen zum Spielen gehen.) Das sind keine Zwangsmaßnahmen, sondern einfach die Ergebnisse eines selbstgewählten Verhaltens.

- Sind Sie kompromißbereit? Wir haben zum Beispiel in der Küche eine Schublade, die als Mini-Büro dient. Ich habe es gern, wenn diese Schublade ordentlich aussieht – Büroklammern hier, Stifte da usw. Und jeden Abend wirft mein Mann beim Nachhausekommen Schlüssel, Quittungen, Rechnungen, seine Uhr und Visitenkarten in die Schublade und zerstört die Ordnung. Ich bin wie eine Verrückte treppauf und treppab gelaufen, um ihm die Sachen jedesmal auf seinen Schreibtisch zu packen – und Klagen führten zu nichts. Also schloß ich einen Kompromiß und nahm das Telefonbuch aus der Schublade. Mein Mann wirft seine Sachen auf den freien Platz, aber der Rest der Schublade sieht ordentlich aus. (Wenn sich zu viel angesammelt hat, legt einer von uns die Sachen auf seinen Schreibtisch.) Mit diesem Kompromiß sind wir beide zufriedener: Ich habe eine ordentliche Schublade, und mein Mann hat die Bequemlichkeit, die er braucht.

  Vergessen Sie auch nicht die Tauschgeschäfte, von denen bereits die Rede war. («Ich mähe den Rasen, wenn du das Geschirr spülst.» «Ich wische Staub, wenn du mit dem Baby spielst.»)

- Haben Sie es schon mal mit Angeben, Loben und Anerkennen versucht? Beeilen Sie sich, jede Hilfe anzuerkennen, die Sie bekommen – besonders, wenn die Arbeit gut gemacht ist. Gehen Sie also verschwenderisch mit Lob um.

  Eines Abends ging ich ins Kinderzimmer und sah, wie sorgfältig Brians Bett gemacht war – ein wahres Wunder. Ich wollte ihm sagen, wie gut er das gemacht hatte (bevor ich es vergaß), aber an diesem Tag schlief er bei einem Freund. Also rief ich ihn an und sagte: «Ich wollte dir nur sagen, wie toll du dein Bett gemacht hast!» Er fragte: «Hast du nur deshalb angerufen?» «Ja», sagte ich. Er war freudig überrascht, und seitdem habe ich einen großartigen Bettenmacher.

Geben Sie ruhig ein bißchen an, wann immer es geht. (Sorgen Sie dafür, daß Ihr Partner oder Ihr Kind es hört.) «Dieses Kind ist der beste Esser, den ich kenne. Es ißt einfach alles!» «Ich glaube, in den fünfzehn Jahren unserer Ehe habe ich erst einmal den Mülleimer rausgebracht. Ich brauche nie ein Wort zu sagen.»

Geben Sie an, loben sie und spenden Sie Ihren Kindern, Ihrem Mann und jedem, der Ihnen bei Ihren Verpflichtungen hilft, Anerkennung. Nun, ich weiß – es sind nicht alles Ihre Verpflichtungen, und vielleicht haben Sie das Gefühl, keine Anerkennung schuldig zu sein, wenn jemand eine Routineaufgabe übernimmt. Tun Sie es trotzdem. Auch die kleinste Hilfe trägt zum Wohlbefinden der Familie bei und fördert das Gefühl von Einigkeit, Frieden und Liebe. Und wer weiß – vielleicht wird Ihr Beispiel ja nachgeahmt, und auch Sie bekommen hin und wieder ein wenig Anerkennung!

- Wenn das alles nicht hilft, machen Sie es selbst. Wenn etwas Sie verrückt macht und Sie es keine Minute aushalten können, machen Sie es selbst. Aber bleiben Sie ruhig dabei – kein Geschrei, kein Nörgeln und kein Märtyrergesicht. (Das ist Ihre Laune!)

  Manchmal führt das zu Problemen, also gehen Sie vorsichtig vor. Wenn Sie Streitigkeiten heraufbeschwören, ziehen Sie sich lieber zurück. (Mein Mann reagierte ein bißchen gereizt, wenn ich seine Papiere aufräumte, weil er sie zur Hand haben wollte, wenn er das Haus verließ.)

  Sie könnten einwenden: «Wieso soll ich nachgeben? Wessen Rechte sind eigentlich wichtiger?»

  Ich denke lieber in Beziehungen als in Rechten. Sie können natürlich alles durchkämpfen – bis zum Ende Ihrer Ehe (oder der Eltern-Kind-Beziehung) – aber ist eine aufgeräumte Schublade das wert?

Ändern, was zu ändern ist

Wenn ich an einem kalten Tag Brot backe, geht der Teig manchmal schlecht. Dann stelle ich die Schüssel in die Nähe der Heizung, wo es schön warm ist. Er geht, und bald kann ich ihn backen.

Was macht den Unterschied? Ich habe die Atmosphäre verändert, indem ich den Teig an einen warmen Platz gestellt habe, wo die Hefe sich entfalten kann. Ich habe den Teig nicht gerissen oder gezogen, um ihn größer und luftiger zu machen; ich habe nur die Umgebung verändert, und er ging ganz von selbst. Und das ist meine Hauptaufgabe zu Hause, denke ich – ein Klima zu schaffen, das Veränderungen begünstigt. Ich kann Menschen nicht verändern, aber ich kann viel tun, um das richtige Klima zu schaffen, wenn sie es selbst wollen.

Wenn Sie zu Hause eine liebevolle Atmosphäre schaffen, sind andere viel eher bereit, Ihnen entgegenzukommen. Aber Nörgeln, Lamentieren und Zetern verschließt Ihnen genau die Türen, die Sie öffnen wollen.

Eine Frau erzählte mir einmal, daß sie einen hundertprozentigen männlichen Chauvinisten geheiratet hat. Er trat voll und ganz dafür ein, daß Frauen ins Haus gehören.

Sie sagte: «Mit den Jahren habe ich ihn ein wenig verändert, mit viel Fröhlichkeit und dem reichlichen Gebrauch des Wortes ‹wir›.» Wenn sie vor einer schwierigen Situation standen (z. B. Gäste zum Abendessen), zählte sie ihm alles auf, was zu tun war, wählte davon einiges aus und sagte: «Das kann ich tun.» Sie ließ das Gespräch offen, so daß er seinerseits sagen konnte, was er beitragen wollte. Sie erinnerte ihn auch ans Aufräumen und an Einkäufe, «weil du ja sowieso in der Gegend bist». Diese feinfühlige, vorwurfsfreie Art und Weise verhalf ihr zum Erfolg, und Ihnen vielleicht auch, egal, ob Sie es mit einem Erwachsenen oder einem Kind zu tun haben. (Eine andere Frau ging etwas unverblümter vor. Sie sagte ihrem Ehemann: «Ich bin so froh, daß wir uns die Hausarbeit teilen. Ich hab sie die letzten fünf Jahre gemacht – jetzt bist du dran!»)

Aber vergessen Sie nicht, das Zusammenleben ist keine Einbahnstraße. Sie müssen nehmen und geben. Zeigen Sie Ihre Bereitschaft, Probleme zu lösen. («Was kann ich tun, um dir zu helfen?» – «Ich muß heute ein paar Besorgungen machen. Kann ich etwas für dich erledigen?»)

Erwarten Sie von Ihren Kindern (oder Ihrem Mann) nicht mehr, als Sie von sich selbst erwarten. Wenn Sie morgens lange schlafen, ohne Plan arbeiten und Ihre Kleider auf dem Fußboden liegenlassen, wie können Sie dann von der übrigen Familie ernsthaft etwas anderes erwarten?

Versuchen Sie auch zu verstehen, daß andere manchmal nicht in der gleichen Stimmung sind wie Sie. Sie haben vielleicht auch unternehmunglustige Tage und faule, und das geht anderen genauso. Wenn Sie sich auf ihre Stimmungsschwankungen einstellen, können Sie die guten Tage ausnutzen. Wenn Sie selbst ordentlich sind und mit einem schlampigen Menschen zusammenleben (oder umgekehrt), müssen Sie vielleicht mit der Situation klarkommen wie Janet mit ihrem gelben Spülbecken. Manchmal muß man die Dinge nehmen, wie sie sind, und aufhören, gegen sie anzukämpfen. Warum Energie verschwenden, die Sie für bessere Vorhaben einsetzen können?

Versuchen Sie, sich auf die Bereiche zu konzentrieren, über die Sie die Kontrolle haben. Ihr Kleiderschrank und Ihre Kommode können ordentlich und übersichtlich sein. In der Küche können Sie nach Ihren Vorstellungen arbeiten. Mit anderen Worten: Werfen Sie sich mit ganzem Herzen auf die Dinge, die Sie ändern können, und akzeptieren Sie, was Sie nicht ändern können. Auf lange Sicht werden alle damit glücklicher sein.

Und wenn es zu spät ist? Wenn es in Ihrer Ehe bereits kriselt? Wenn das Verhältnis zu Ihren Kindern getrübt ist? Sicher kann Ihnen dieses Buch dabei helfen, aber vielleicht sollten Sie sich dann auch an eine Familienberatungsstelle wenden. Wenn unser Klavier verstimmt ist, werfen wir es nicht weg, sondern rufen den Klavierstimmer. Ich hoffe, das tun Sie auch. Wenn Sie verheiratet sind, werfen Sie Ihre Beziehung nicht weg, und geben Sie Ihre Kinder nicht auf. Vielleicht müssen sie auch nur ein wenig gestimmt werden?

Fassen wir den zweiten Teil dieses Buches noch einmal zusammen: Sie haben das Sechs-Schritte-Programm zur Arbeitsvereinfachung kennengelernt, das Ihnen hilft, die Hausarbeit besser zu organisieren – die zeitraubendste aller Tätigkeiten.

1. Planen
2. Ballast abwerfen
3. Sortieren
4. Sinnvolle Aufbewahrung
5. Zusätzliche Vereinfachungen (mit viel Delegieren)
6. Täglich ist wichtig

Wenn die unvermeidlichen Schwierigkeiten auftauchen, gehen Sie diese Liste noch einmal durch und überlegen Sie, was schiefgelaufen ist. Wo ist das Problem aufgetreten? Wenn Sie Schwierigkeiten haben, lesen Sie die entsprechenden Abschnitte noch einmal und suchen Sie nach Möglichkeiten, sie zu bewältigen.

Menschen, die unter Druck sind, verausgaben sich bei der Arbeit zu sehr. Hausarbeit ist eine lebenslange Aufgabe. Sie können sich also Entmutigung gar nicht leisten. Nehmen Sie den Druck von Ihrem Leben. Dabei hilft Ihnen dieses Programm – wenn Sie es anwenden.

Teil drei

Probleme vermeiden – Probleme lösen

Kapitel 10

Waschtag

Wenn Sie ständig gegen Wäscheberge ankämpfen, die aussehen wie die Alpen, dann nehmen Sie sich jetzt ein paar Minuten Zeit, und Sie lernen, wie Sie die Wäsche besser organisieren.

Wo wird gewaschen?

Wenn Sie eine Waschmaschine (und evtl. einen Wäschetrockner) haben, dann stehen sie wahrscheinlich da, wo sie stehen müssen (wo ein Wasseranschluß ist), statt da, wo sie stehen sollten. Aber wenn Sie gerade dabei sind, Ihren Haushalt neu zu organisieren – hier sind ein paar Ideen.

Sie können in der Küche waschen oder im Badezimmer, in einem separaten Raum oder in einer Nische in der Wand. Die Geräte können hinter einer Trennwand im Wohnzimmer stehen, in der Garage, im Flur oder im Keller. Sie können sogar einen Platz unter einer Treppe nutzen, wenn ein Wasseranschluß in der Nähe ist.

Für Miniwohnungen gibt es besonders kleine, transportable Maschinen, die nicht viel Platz beanspruchen. Wenn Sie eine Standardmaschine nehmen, sollte es ein Frontlader sein, dann haben Sie oben noch eine Ablage- oder Arbeitsfläche.

Wenn Sie eine heizbare Garage haben, können sie auch dort waschen. (Legen Sie eine Plastikdecke vor die Maschine, falls aus Versehen ein Wäschestück auf den Boden fällt. Nach dem Waschen legen Sie die Decke über die Maschine, damit sie sauber bleibt.) Ideal ist natürlich ein separater Raum, in dem Sie waschen, bügeln, nähen und basteln können. Dann brauchen Sie eine angefangene Arbeit nicht wegzuräumen, wenn Sie sie nicht beenden können, sondern machen einfach die Tür hinter sich zu.

Ihr Waschcenter

Außer der Waschmaschine brauchen Sie noch einiges Zubehör für Ihr «Waschcenter». Und wenn Sie in einen Waschsalon gehen, benötigen Sie ebenfalls einen Platz für schmutzige Wäsche, Waschmittel etc.

Gehen Sie die folgende Liste durch und wählen Sie die Ideen aus, die Sie gebrauchen können.

- Wenn Sie genug Platz haben, ist es sinnvoll, die Wäsche gleich nach Waschprogrammen in Kartons, Plastikbeuteln, Wäschekörben oder Kopfkissenbezügen vorzusortieren. Damit vermeiden Sie eine Menge Unordnung, und Sie müssen sich nicht für jeden Waschgang alles extra zusammensuchen. Wenn Sie Körbe verwenden, können Sie hinterher auch gleich die fertige Wäsche hineinlegen.

- An einer Pinnwand können Sie Tips zur Fleckentfernung, Sicherheitsnadeln (um Schnallen und Bänder festzustecken), eine kleine Schere und ein paar Nähnadeln mit Garn in den gängigsten Farben (oder durchsichtigen Nylonfaden) bereithalten, damit Sie kleine Reparaturen machen können, bevor die Sachen gewaschen werden. Auch Pflegeanleitungen und Quittungen können Sie hier aufhängen. (Wenn ein für die Maschinenwäsche geeignetes Kleidungsstück nach ein paar Wäschen auseinanderfällt, sich entfärbt oder eingeht, werden Sie froh sein, daß Sie die Quittung aufbewahrt haben!)

  Wenn an der Waschmaschine selbst keine Bedienungsanleitung vorhanden ist, schreiben Sie sie auf ein Blatt Papier, das Sie in eine Plastikhülle stecken und mit Klebeband an der Maschine befestigen. Schreiben Sie auch gleich dazu, wieviel Waschpulver für welches Programm erforderlich ist. Dann kann jeder die Maschine korrekt bedienen.

- Zum Fleckentfernen sind leere Spülmittelflaschen ideal. Füllen Sie die entsprechenden Mittel ein, und schreiben Sie auf jede Flasche, was sie enthält. Wenn Sie nur kleine Stellen bearbeiten müssen, können Sie das Mittel mit diesen Flaschen sehr genau dosieren. Kleine Stickrahmen helfen, die zu bearbeitende Fläche abzugrenzen.

- Außerdem brauchen Sie eine Dose oder einen anderen kleinen Behälter, in den Sie alles legen, was Sie in Hosentaschen oder nach einem Waschgang in der Maschine finden (Kleingeld, Knöpfe, Schrauben etc.). Wenn Sie nach einem fehlenden Knopf suchen, nach Kleingeld für die Parkuhr oder nach der Schraube für den Türgriff, dann sehen Sie einfach in der Dose nach!

- Auch ein kleiner Müllbehälter sollte bereitstehen, in den die Fusseln aus dem Flusensieb kommen, mitgewaschene Papiertaschentücher, und was Sie sonst noch alles in der Trommel finden. (Wäre es nicht großartig, wenn jeder seine Taschen selbst ausleeren würde?) Ich habe zu diesem Zweck eine leere Margarinedose auf der Maschine stehen.

- Großartig für Strumpfhosen, Socken oder winzige Babysachen ist ein Beutel mit einem Reißverschluß. Die Sachen kommen hinein und werden darin gewaschen. Die Strumpfhosen wickeln sich nicht mehr um andere Wäschestücke, und Sie brauchen nach der Wäsche nicht mehr mühsam die passenden Socken zusammenzusuchen.

- Schaffen Sie eine Möglichkeit, die Sachen gleich aufzuhängen, wenn Sie aus dem Trockner kommen. Das kann eine zusammenschiebbare Stange sein, die schnell in eine Türfüllung eingesetzt (und wieder entfernt) ist. Oder Sie bringen in passender Höhe einen Handtuchhalter an der Wand an.

- Eine andere Idee ist eine vom Fußboden zur Decke reichende Stange, wie es sie für Hängepflanzen gibt. An den Haken für die Pflanzen lassen sich viele Kleidungsstücke aufhängen. Auch ein Winkelträger, der in eine an die Wand montierte Schiene gehängt wird, ist ein praktischer Halter für Kleiderbügel.

- An den Gliedern einer Kette, die um den Haken eines Kleiderbügels gelegt wird, lassen sich ebenfalls viele weitere Kleiderbügel aufhängen. Sie können ihn an einen Haken in der Wand oder in der Decke hängen. Damit lassen sich die Kleidungsstücke auch leicht zu den Schränken transportieren.

- Für alles, was Sie nicht im Trockner trocknen können, gibt es praktische zusammenklappbare Trockengestelle, die Sie genausogut in die Badewanne stellen können wie auf den Balkon. Sie können auch eine zweite Duschstange in der Mitte über der Badewanne anbringen. Wenn der Duschvorhang zugezogen ist, verschwindet die Wäsche dahinter.

- Sorgen Sie auch für einen Platz, an dem Sie die Wäsche zusammenlegen können. Wenn kein Tisch dafür frei ist, nehmen Sie einen Klapptisch, den Sie nach Gebrauch wegstellen.

- Auch wenn Sie Ihre Bügelutensilien nicht direkt neben der Waschmaschine und dem Trockner unterbringen können, brauchen Sie irgendwo ein bißchen Platz dafür. Das Bügelbrett können Sie z. B.

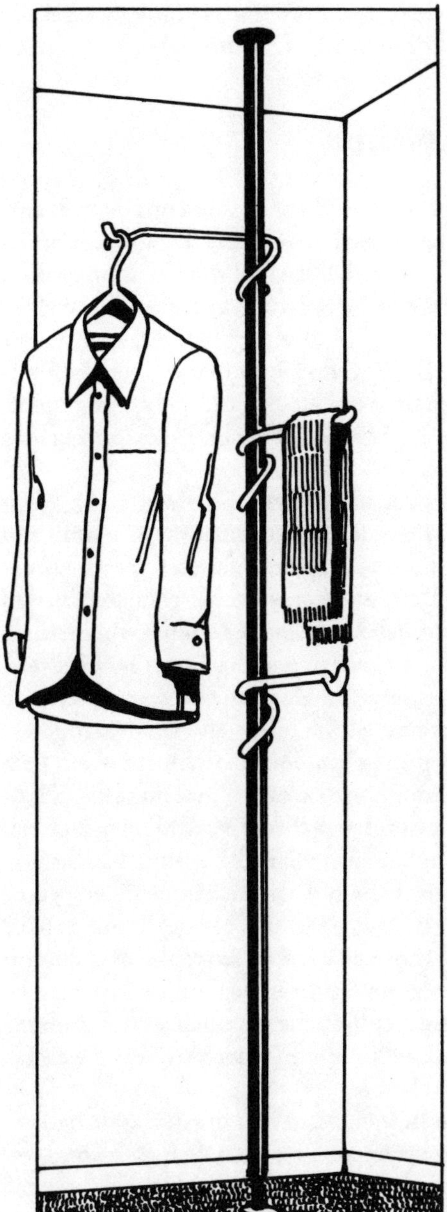

Ein vom Boden zur Decke reichender Pflanzenhalter bietet Platz für frisch gewaschene Kleidungsstücke.

auch aufhängen. Außerdem brauchen Sie eine Hängemöglichkeit für gebügelte Kleidung (Vorschläge siehe oben). Und Sie benötigen einen Korb für die fertigen Wäschestücke. Wenn Sie ein Dampfbügeleisen benutzen, brauchen Sie noch einen Behälter für destilliertes Wasser. Auch hier tut eine leere Spülmittelflasche, mit der Sie das Bügeleisen direkt auffüllen können, gute Dienste.

Keine Angst vor großer Wäsche

Nun ist Ihr Arbeitsbereich perfekt, und wir können uns dem eigentlichen Ereignis zuwenden – dem Waschen. Wie oft Sie waschen müssen, hängt von drei Dingen ab: von der Anzahl der Kleidungs- und Wäschestücke, die Sie besitzen, von Ihrer Laune und von Ihrem Zeitplan. Wenn alle in der Familie genug Kleidung haben, um eine Woche damit auszukommen, dann reicht es, wenn Sie einmal wöchentlich waschen (falls Sie es ertragen können, dann einen ganzen Tag lang nichts anderes zu tun als zu waschen). Ich würde lieber einen ganzen Tag lang Traktor fahren als waschen.

Aber Sie müssen auch noch zwei andere Dinge bedenken. Das Waschen kostet jedesmal Zeit und erzeugt Durcheinander – wohin mit den Haufen schmutziger Wäsche, den Stapeln gefalteter Wäsche (normalerweise landen sie auf dem Bett) und den einzelnen Socken, die auf ihre Partner warten? Es hat also auch Vorteile, nur einmal wöchentlich zu waschen. Dann haben Sie an den anderen sechs Tagen wäschefrei – keine lästigen Unterbrechungen, um die Maschine auszuräumen und neu zu füllen, die Wäsche zu sortieren, zu falten etc. Das spart gewiß Zeit. Wenn Sie in einen Waschsalon gehen, lohnt es sich auf jeden Fall, etwas mehr Kleidung für die Familie anzuschaffen und nur einmal wöchentlich waschen zu gehen. Sie können mehrere Maschinen gleichzeitig laufen lassen, also ist es sinnvoll, aus jedem Gang zum Waschsalon so viel wie möglich zu machen. Obwohl ich nicht besonders gerne wasche, habe ich diese Aufgabe bei uns übernommen. (Allerdings habe ich einen Helfer – die Kinder wechseln sich wochenweise ab –, der mir beim Sortieren, Zusammenlegen und Einräumen hilft.) Ich wasche dreimal in der Woche. Auf diese Art brauche ich mich an den anderen vier Tagen nicht um die Wäsche zu kümmern. Da ich so häufig wasche, dauert es auch jedesmal nicht so lange.

Für mich funktioniert es am besten, wenn ich die gewaschene Wäsche selbst wegräume. Dann liegen die fertigen Stapel nicht ewig herum, bis die Kinder sich endlich darum kümmern. Dabei räume ich auch gleich die Schubladen auf – da sie gut in Ordnung gehalten werden, geht das sehr rasch. Ich brauche nur fünf Minuten, um die gesamte Wäsche wegzuräumen – obwohl wir eine siebenköpfige Familie sind –, also sage ich mir: «Was ist so schlimm daran?»

Vielleicht geht es Ihnen ganz anders, oder Sie haben gar keine Zeit, alles alleine zu machen. In manchen Familien wäscht jeder an einem bestimmten Tag in der Woche seine eigenen Sachen. Können Sie sich vorstellen, wieviel Zeit Sie dadurch sparen? Wenn das unmöglich klingt, wie wäre es dann, wenn jeder wenigstens seine Sachen wegräumt?

Wenn Sie also Ihre Wäsche planen, berücksichtigen Sie Ihre eigenen Kräfte, die Zahl der Kleidungsstücke, die jeder besitzt, und die Zeit, die Sie jedesmal für die Wäsche aufwenden wollen. Dann legen Sie einen (oder mehrere) Tage fest, an denen Sie waschen wollen. Wenn Sie warten, bis Sie etwas brauchen, oder unregelmäßig waschen, fordern Sie das Chaos heraus. Planen Sie so genau wie möglich, damit Sie andere Arbeiten erledigen können, während die Maschine läuft.

Bei uns weiß jeder, wann gewaschen wird – montags, mittwochs und freitags –, und richtet sich darauf ein.

Wenn Sie Ihr persönliches System planen, berücksichtigen Sie, daß Sie mit weniger Garderobe auskommen, wenn Sie häufiger waschen. Das heißt, Sie brauchen auch weniger Platz dafür.

Wohin mit der schmutzigen Wäsche?

Auch wenn Ihre Kinder so perfekt zielen können wie Wilhelm Tell, haben sie wahrscheinlich wenig Erfolg, wenn sie ihre Wäsche in den Wäschekorb werfen. Hier biete ich Ihnen ein paar Ideen an, die die Wahrscheinlichkeit erhöhen, daß die Wäsche wenigstens in dessen Nähe landet.

Wir haben in den Schlafzimmern und in den Badezimmern Behälter für schmutzige Wäsche. (Die Wäsche ist nicht immer darin – aber zumindest sammelt sie sich in ihrem Umkreis!) Für die schmutzigen Wischtücher, Küchentücher usw., die in der Küche anfallen, lohnt sich auch dort ein Wäschekorb oder -sack.

Schmutzige Wäsche kann man in jede Art von Behälter legen – einen Korb, eine Kiste (mit Tapete oder Selbstklebefolie beklebt), einen großen Plastikeimer, Kopfkissenbezüge (die an der Innenseite von Türen oder Schranktüren angebracht werden können), oder einen Beutel. (Auch er kann innen an einer Schranktür oder an der Kleiderstange hängen.) Man kann auch einen Beutel an einem Kleiderbügel befestigen, dann ist die Öffnung größer, und er ist einfacher zu benutzen.

Aus einem Kleiderbügel und einem Kopfkissenbezug läßt sich ein praktischer Wäschebehälter herstellen.

Wenn in Ihrer Familie viel stark verschmutzte Wäsche anfällt, sollte diese gesondert gesammelt und gewaschen werden.

Notieren Sie Ihren Waschplan auf dem Familienplaner. Wenn Sie die Wäsche an verschiedenen Stellen sammeln, soll jedes Familienmitglied an den Waschtagen seinen Wäschekorb oder -beutel zur Waschmaschine bringen. Das erspart es Ihnen (oder dem gerade Verantwortlichen), sie selbst einzusammeln.

Sortieren geht über Probieren

Das Sortieren der Wäsche verzögert das Waschen, daher müssen wir nach Vereinfachungen suchen. Das erspart Ihnen auf lange Sicht viel Zeit.

Sortieren Sie nach Fasern, Farbe und Verschmutzungsgrad, damit Sie alles bei der geeigneten Temperatur waschen und trocknen können. Denken Sie an die Dose auf der Waschmaschine, und leeren Sie vor dem Waschen alle Taschen aus, damit Sie keine Papiertaschentücher, Kaugummis, Filzstifte, Spielsachen oder wichtige Papiere mitwaschen. Das kostet ein wenig Zeit, aber wenn Sie Kleingeld finden, hat es sich gelohnt. (Es gehört natürlich dem Finder.)

Reparieren Sie Risse, Säume und lockere Knöpfe vor der Wäsche. Nach dem Waschen dauert es länger. (Die beste Idee, auf die ich jemals gekommen bin, ist die Verwendung von durchsichtigem Nylonfaden. Wenn Sie mit der Maschine nähen, müssen Sie nie die Spule wechseln.)

Ebenfalls vor der Wäsche sollten Sie Haken, Reiß- und Klettverschlüsse zumachen. (Klettband bleibt sonst an anderen Kleidungsstükken hängen.) Waschen Sie alles mit der Innenseite nach außen, was fusselt oder ausbleicht. Entfernen Sie Anstecknadeln, Abzeichen, Schulterpolster und empfindliches Zubehör. Knoten Sie Bänder zusammen, damit sie nicht herausrutschen. Ziehen Sie Schuhbänder durch Knopflöcher, und verknoten Sie sie. Binden Sie Schärpen und Gürtel zusammen. (Abnehmbare Gürtel können Sie in eine Tasche oder einen separaten Beutel stecken.)

Und jetzt kommen wir zu den zeitsparenden Verfahren:

Durcheinander bei Socken können Sie verhindern, indem Sie die Paare jeweils mit einem Gummiband, einer Sicherheitsnadel oder einem Sockenhalter versehen. (Das ist eine kleine Plastikscheibe, in deren Mitte ein «x» geschnitten ist. Die zusammengehörigen Socken werden einfach durch das x gezogen.) Wenn Sie diese Methode anwenden wollen, halten Sie bei jedem Wäschekorb auch ein paar Gummibänder, Sicherheitsnadeln oder Sockenhalter bereit, damit die Besitzer ihre Socken gleich selbst bündeln können.

Wenn Ihre Kinder noch klein sind, zeigen Sie ihnen frühzeitig, wie man die Socken richtig auszieht: Bis zur Hacke herunterziehen, dann vorne anfassen, abziehen und ausschütteln. Eine weitere Idee zum Ausprobieren: Benutzen Sie einen separaten Behälter für Socken, und waschen Sie sie in einem Beutel oder als gesonderte Maschinenfüllung.

Bei einer vielköpfigen Familie kann es auch Zeit sparen, wenn Sie die Kleidungsstücke mit Farben, Initialen oder einem X kennzeichnen. (Ein X für das älteste Kind, zwei für das nächste usw. Wird ein Kleidungsstück weitervererbt, kann man leicht ein X hinzufügen.) Oder Sie machen mit Wäschetinte ein Zeichen an eine unauffällige Stelle (Etikett, Innenseite einer Tasche).

Wenn Sie glauben, daß Sie es durchhalten, lassen Sie jeden seine Kleidungsstücke selbst vorsortieren. Dazu stellen Sie an einem zentralen Platz drei oder vier gekennzeichnete Behälter auf, in die jeder seine Schmutzwäsche wirft. Oder die Kinder sortieren ihre Wäsche, wenn sie sie am Waschtag zur Waschmaschine bringen, indem sie sie dort in bereitstehende Behälter legen. Dazu können Sie auch einen großen Wäschebehälter mit Hilfe von Kopfkissenbezügen aufteilen.

Wenn die Wäsche bereits am Vorabend sortiert ist, haben Sie am Morgen des Waschtages bereits einen Vorsprung – ein Segen, wenn Sie berufstätig sind, denn um so schneller sind Sie mit der Wäsche fertig. Oft ist morgens noch Zeit, schnell eine Maschine zu waschen, aber kaum, sie vorher noch zu sortieren. Oder Sie lassen eine Maschine mit Handtüchern oder Jeans noch am Abend laufen, so daß sie morgens fertig ist. Es macht nichts, wenn sie die Nacht über in der Maschine bleiben, und die Knitterfalten verschwinden im Trockner oder einfach durch Ausschütteln.

Wenn die Wäsche nicht sortiert ist, schütten Sie alles auf einen Haufen vor die Maschine und ziehen sich Handtücher, Bettwäsche oder Jeans heraus. (Sie sind am leichtesten zu finden, und Sie brauchen nicht viele, um eine Maschine zu füllen.) Während die Maschine läuft, sortieren Sie den Rest.

Was sonst noch zu beachten ist

Nachdem die Wäsche sortiert ist, hier noch ein paar Tips zum Waschen und Trocknen:

Vor allem vermeiden Sie es, Kleidung zu kaufen, die eine besondere Behandlung erfordert (nur mit der Hand zu waschen, nicht farbecht usw.). Es ist leichter, den Kindern beizubringen, selbst zu waschen, wenn sie nicht die Feinheiten der Handwäsche lernen müssen: «Liegend trocknen», «Nicht wringen», «Kalt spülen». Wenn Sie das beachten, verfügen Sie bald über eine Garderobe, die Sie nach dem Waschen gleich wieder tragen können. Wenn Sie etwas Neues kaufen, nehmen Sie pflegeleichte Sachen. Kaufen Sie haltbare, nicht einlaufende Sachen, die farbecht sind und nicht knittern. (Auch eine zu volle Maschine oder zu hohe Temperaturen können zu Knitterfalten führen.)

Lesen Sie die Etiketten und die Pflegeanweisungen, und befolgen Sie sie. Dosieren Sie das Waschmittel genau, um optimale Ergebnisse zu erzielen.

Waschen Sie in der Reihenfolge, in der die Sachen weggeräumt werden. Das heißt: Wir haben Unterwäsche, Socken und Pyjamas in der obersten Kommodenschublade. In der zweiten sind Hemden und T-Shirts, Hosen und Jeans in der dritten. Beim Waschen fange ich also mit den Jeans an. Wenn sie aus dem Trockner kommen, lege ich sie zusammen und mache für jedes Familienmitglied einen Stapel. Dann wasche ich Hemden und T-Shirts und lege sie auf die Jeans. Zum Schluß kommen Unterwäsche, Socken und Pyjamas. Damit sind alle Sachen fertig zum Wegräumen, und jeder hat nur einen Stapel.

Und hier sind noch ein paar meiner Lieblingstips:

- Wenn Sie etwas waschen, das nicht in den Trockner darf, legen Sie sich etwas zur Erinnerung auf die Waschmaschine – einen Lappen, ein Stofftier, einen Hammer –, irgend etwas, das Ihre Aufmerksamkeit erregt und Sie daran erinnert, daß Sie die entsprechenden Sachen nicht in den Trockner legen dürfen.
- Wenn Sie immer wieder vergessen, Ihren Morgenrock, eine Decke oder einen Lappen zu waschen, schreiben Sie das auf einen Zettel, den Sie in den Wäschekorb legen.
- Wenn sich ein allzu riesiger Wäscheberg angesammelt hat, gehen Sie damit in einen Waschsalon (auch wenn Sie selbst eine Maschine haben). Dort können Sie mehrere Maschinen benutzen und sind viel schneller fertig. So bewältigen Sie auch nach einem Urlaub die Wäsche schneller.
- Waschen Sie die Bettwäsche reihum, sonst stehen Sie am Freitag vor einer Riesenladung. Wenn die Kinder wissen, wann «ihr» Tag ist, können Sie die Bettwäsche selbst abziehen und zur Maschine bringen.
- Halten Sie Ihre Geräte instand, indem Sie die Anleitungen der Hersteller befolgen.
- Wenn die Pflegehinweise nicht in die Kleidungsstücke eingenäht sind, heben Sie die daranhängenden Schildchen auf. (Schreiben Sie darauf, zu welchem Stück sie gehören.)
- Waschen Sie alle Winter- bzw. Sommersachen, bevor Sie sie wegräumen, damit sich Flecke nicht festsetzen.
- Stofftiere, Mops usw. können Sie in einen alten Strumpf stecken. Darin bleiben sie geschützt, und außerdem fusseln sie dann nicht so.
- Wenn Sie Bürste und Kämme von Haaren befreit haben, können Sie sie zusammen mit Handtüchern waschen, ebenso Kunststoffschwämme.

Der Wäschetrockner

Wäschetrockner sind eine wunderbare Erfindung, und sie können eine Menge Zeit sparen helfen, wenn sie richtig benutzt werden.

Mit drei einfachen Tricks machen Sie das Beste aus Ihrem Trockner:

1. Reinigen Sie das Flusensieb nach jedem Durchgang.
2. Überladen Sie den Trockner nicht.
3. Nehmen Sie die Sachen sofort nach dem Trocknen heraus.

Hinterher die Knitterfalten herauszubügeln, macht so viel Spaß wie eine Rede über das Außenhandelsdefizit. Natürlich können Sie die Sachen noch einmal mit einem feuchten Handtuch in den Trockner legen, aber damit haben Sie nicht immer Erfolg. Sparen Sie also so viel Zeit wie möglich, und nehmen Sie die Sachen sofort aus dem Trockner. Wenn nötig, verwenden Sie einen Wecker, der laut klingelt.

Wenn er flusenfrei ist, arbeitet der Trockner besser und trocknet alles in der kürzestmöglichen Zeit.

Schalten Sie alle Geräte ab, wenn Sie die Wohnung verlassen. Ich weiß, es ist verlockend, sie laufen zu lassen, während Sie unterwegs sind, aber Sie wissen nie, ob nicht ein Wasserschlauch platzt, ein Ventil nicht schließt oder ein Kabel schmort. (Hören sie auf die Stimme der Erfahrung. Eines Tages wollte ich die Zeit nutzen – und fand bei meiner Rückkehr einen überfluteten Keller vor.)

Und noch ein paar Extra-Tips:

- Sie können den Trockner auch zum Entstauben von Vorhängen, Bettüberwürfen, Decken und abnehmbaren Bezügen verwenden. Auch Bettvorleger und Kissen können Sie im Trockner auffrischen. Legen Sie sie zusammen mit einem feuchten Handtuch für 15 Minuten hinein. (Kleben Sie die Rollen von Vorhängen mit Klebeband ab, dann müssen Sie sie nicht eigens entfernen.)
- Wenn sie von vornherein wissen, was Sie bügeln wollen, stoppen Sie den Trockner, und nehmen Sie die Sachen heraus, solange sie noch etwas feucht sind. Bügeln Sie die wichtigen Teile zuerst, falls Sie nicht genug Zeit haben, alles fertigzubügeln.
- Wenn etwas im Trockner Fusseln abbekommen hat, können Sie sie leicht mit einem feuchten Schwamm entfernen.
- Wenn Sie Ihre Wäsche auf der Leine trocknen, nehmen Sie am besten einen Klammerbeutel, den Sie über die Schulter hängen können. Wenn Sie an der Leine eine Kette anbringen, können Sie dort ganz einfach Bügel einhängen, die dann nicht mehr verrutschen oder herunterfallen können.

Alles sauber!

Jetzt können Sie die fertige Wäsche einräumen. Wenn Sie ein paar der oben genannten Tips anwenden (kennzeichnen, gleich herausnehmen usw.), ist das Zusammenlegen und Wegräumen ein Kinderspiel!

Legen Sie nie etwas weg, das repariert werden muß. Wenn die Wäsche fertig ist, finden Sie vielleicht ein paar einzelne Socken. Das kann verschiedene Gründe haben:

1. Manchmal findet sich das Gegenstück in einem Hosenbein oder einer Tasche.
2. Nicht alle sind so ordentlich, wie sie sein sollten. Vielleicht ist die andere Socke unter dem Sofa, noch naß und schmutzig in einem Stiefel oder hinter der Badezimmertür.
3. Die Socke war so kaputt, daß der Eigentümer sie weggeworfen hat.

Damit Ihre Sockensammlung nicht allzuviel Platz beansprucht, heben Sie Einzelstücke nicht länger als einen Monat auf. Dann trennen Sie sich davon. Wenn Sie die Wäsche zusammenlegen, machen Sie immer gleich Sets: Pyjamahose und -oberteil; Laken, Bett- und Kopfkissenbezug usw. Legen Sie sie in der umgekehrten Reihenfolge in den Wäschekorb, in der sie weggeräumt werden. Das spart Zeit und überflüssige Wege.

In diesem Kapitel haben Sie eine Reihe von Ideen kennengelernt, die Ihnen im einzelnen vielleicht nebensächlich und unbedeutend vorkommen. Aber wenn Sie anfangen, einige davon zu kombinieren, vielleicht eine oder zwei aus jeder Kategorie (z. B. Sammeln, Sortieren, Waschen, Trocknen, Zusammenlegen, Wegräumen), können sie wie Zahnrädchen ineinandergreifen, und Ihre Arbeit wird viel effektiver sein. Probieren Sie ein paar neue Ideen aus, statt sich auf ausgetretenen Pfaden weiterzuschleppen. Dann wird auch der Waschtag kein Grund zur Verzweiflung mehr sein.

Kapitel 11

Mahlzeit!

Ich weiß nicht, woran es liegt, ob es das Fernsehen ist oder ein vor langer Zeit gelesenes Buch oder vielleicht auch nur mein Gewissen. Aber immer, wenn ich an eine «Familienmahlzeit» denke, entstehen gewisse Bilder in meinem Kopf. Ich sehe einen Vater am oberen Ende des Tisches sitzen (der mit einem Tischtuch gedeckt ist). Höfliche, leise Kinder essen alles, was sie auf dem Teller haben, ihre Servietten liegen ordentlich da, wo sie hingehören. Man unterhält sich leise, und am Ende der Mahlzeit fragt jeder: «Darf ich jetzt aufstehen?»

Jedenfalls entstammt diese Vorstellung mit Sicherheit nicht meiner eigenen Erfahrung, aber sie scheint ein unbewußter Maßstab zu sein, an dem ich unsere Mahlzeiten messe.

Bei uns heißt es meistens: «Dein Essen ist in der Mikrowelle. Ich muß die Kleinen abholen.» Wenn es uns gelingt, uns alle gemeinsam zu einer Mahlzeit zu versammeln, dann stecken sich die Kinder Oliven auf die Finger und Möhren in die Ohren, und hin und wieder gurgelt eins mit seiner Milch. Statt eines gepflegten Tischgesprächs werden immer wieder dramatische Proteste laut: «Igitt!» – «Was ist denn das für ein Zeug?» – «Gibt es nichts anderes?» Dann antworte ich: «Iß oder laß es bleiben.»

Eines Samstags nachmittags sagte ich zufällig zu einem der Kinder, daß ich das Sonntagsessen schon fertig hätte. Es sagte: «Was ist es denn?» «Lasagne», antwortete ich. «Ist das das ekelhafte Zeug im Kühlschrank?» fragte er. Man kann wohl mit Sicherheit davon ausgehen, daß die Kinder das Essen zu Hause für weit unter der Qualität von McDonald halten. Wer zu Hause kocht, glauben sie, sei zu arm, um sich ein Essen im Restaurant leisten zu können.

Meiner Meinung nach ist das Problem der Familienmahlzeiten ein dreifaches. Zuerst die Kücheneinrichtung (die optimale Organisation der Küche, um die Vorbereitung zu erleichtern und die Arbeit zu beschleunigen. Das zweite Problem ist die Planung der Mahlzeiten (Rezepte, Wochenplan, Einkaufen, Kochen). Das letzte und vielleicht schwierigste ist das Thema Kinder und Essen (sie zum Essen zu bewegen ebenso wie sie dazu zu bringen, beim Kochen zu helfen).

Lassen Sie uns Schritt für Schritt vorgehen, und Sie werden entdekken, daß sich Mahlzeiten wirklich mit Erfolg planen lassen.

So planen Sie die Mahlzeiten

Wenn Sie sehr beschäftigt sind, müssen Sie die Mahlzeiten im voraus planen. Wenn Sie nicht wissen, was Sie kochen wollen, wie soll dann jemand wissen, wie er Ihnen helfen kann? Wenn Sie im voraus planen, können Sie die Arbeiten koordinieren, Reste verwerten, effektiv delegieren und immer schon einen Schritt voraus sein.

Nehmen wir an, Ihr Menüplan für die Woche sieht so aus:

Montag: Frikadellen, Kartoffeln, Brokkoli
Dienstag: Porree-Kartoffel-Auflauf mit Schinken
Mittwoch: Spaghetti Bolognese, Salat
Donnerstag: Hühnchen, Reis, Erbsen und Möhren
Freitag: Gemüsepfanne mit Reis

An diesem Beispiel möchte ich Ihnen zeigen, wie die Koordinierung eines Menüplans funktionieren kann.

Montag: Kaufen Sie genügend Hackfleisch ein, um die Frikadellen und die Soße für die Spaghetti Bolognese am Mittwoch gleichzeitig zubereiten zu können. Frieren Sie die Soße bis dahin ein. Kochen Sie so viele Kartoffeln, daß sie auch für den Porree-Kartoffel-Auflauf reichen. Am Mittwoch brauchen Sie nur die Soße zu erhitzen, die Spaghetti zu kochen und den Salat zuzubereiten. Am Donnerstag wiederum kochen Sie gleich den Reis für Freitag mit. In der Gemüsepfanne lassen sich neben frischen Zutaten die Gemüsereste der Woche verarbeiten.

Sehen Sie, wieviel Sie mit ein bißchen Planung erreichen können? Sie sparen Zeit und Aufwand. Sie haben nur einmal Kartoffeln bzw. Reis gekocht und nur einmal Hackfleisch zubereitet statt zweimal. Das heißt, Sie können in vielen Fällen die Hälfte der Zeit einsparen.

Um den größten Gewinn aus der Koordinierung Ihrer Vorbereitungen zu ziehen, schreiben Sie sich Ihren Menüplan auf, damit Sie vor Augen haben, was getan werden muß. Erinnern Sie sich noch an die Arbeitserleichterungstechniken? Erst denken, dann handeln, das ist auch hier das Geheimnis.

Wenn die Mahlzeiten so gut vorbereitet sind, ist es für denjenigen, der als erster nach Hause kommt, ganz einfach, sie fertig zuzubereiten. Wenn Sie die Kinder einbeziehen wollen (oder müssen), notieren Sie das im Familienplaner oder auf dem Wochenplan des Kindes. (Schreiben Sie Ihre Anweisungen genau auf, damit das Kind weiß, was es tun soll.)

Menüplanung und -koordination sparen Ihnen eine Menge Zeit. Sie können für eine Woche, einen Monat oder ein Jahr im voraus planen. Oder Sie listen die Zutaten für einige Gerichte auf und sorgen dafür, daß sie immer im Haus sind. Dann können Sie jeden Tag nach Lust, Laune und Zeit das kochen, wonach Ihnen der Sinn steht. Wenn Sie einen langfristigen Menüplan haben, arbeiten Sie auch ein Koordinierungssystem dazu aus. Auf diese Art planen Sie perfekt und können die Mahlzeiten in Rekordzeit zubereiten.

Aber eine Mahlzeit hat keinen (Nähr)wert, wenn sie nicht gegessen wird. Wenn Sie den Menüplan auf den Terminkalender der Familie abstimmen, bekommt jeder auch an den hektischsten Tagen eine warme Mahlzeit. Menüplanung kann auch die leidigen Reste eliminieren (Sie wissen schon, die Sachen, die Sie aufheben, um sie später doch wegzuwerfen). Sie sollten niemals Reste haben, es sei denn, Sie haben sie eingeplant. (Vorgekochte Kartoffeln, Reis, Gemüse etc.) Reste machen den Kühlschrank unübersichtlich. Wenn Sie regelmäßig Reste haben, die Sie irgendwann wegwerfen, planen Sie sie für spätere Mahlzeiten ein, oder kochen Sie kleinere Portionen.

Menüplanung ist eine viel zu wichtige Kunst, als daß sie vernachlässigt werden dürfte. Wenn Sie die Mahlzeiten geplant haben, können Sie Ihren Helfern genau sagen, was sie tun sollen. Sie können Gemüse vorbereiten, ein Hühnchen zerlegen, Kartoffeln pellen, Salate mischen. Nicht lange, und Ihre Küken sind erfahrene Köche, die eine ganze Mahlzeit alleine zubereiten können.

Es ist einfach, die Küchenarbeit zu delegieren, wenn Sie den Schritten in Kapitel 8 folgen. Das Wichtigste dabei ist die Übung. Arbeiten Sie so lange mit den Kindern zusammen, bis sie sich sicher fühlen. Zeigen Sie Ihnen alles – von der Vorbereitung bis zum Abspülen und Wegräumen der benutzten Sachen.

Denken Sie manchmal darüber nach, wieviel Zeit Sie zum Planen und zum Vorbereiten der Mahlzeiten brauchen – das Saubermachen hinterher nicht zu vergessen? Stellen Sie sich vor, wieviele Minuten oder Stunden Sie für sich selbst gewinnen können, wenn Sie möglichst viele Arbeiten in der Küche Ihren Kindern übertragen. (Klingt das unfair? Das sollte es nicht, denn es ist auch gut für die Entwicklung der Kinder.)

Wenn Sie keinen Menüplan machen, müssen Sie immer wieder darüber nachdenken, was Sie kochen wollen. Und wenn Sie sich endlich entschieden haben, kaufen Sie kurz vor Ladenschluß (oder auf dem Heimweg von der Arbeit) die notwendigen Zutaten ein. (Kommt Ihnen das bekannt vor?) Sehen Sie, was für einen Einfluß das auf Ihre Zeit hat?

Sie entscheiden, was gekocht wird. Sie gehen einkaufen. Sie schleppen alles nach Hause und tragen die Verantwortung dafür, daß etwas auf den Tisch kommt. Wenn Sie die Mahlzeiten geplant hätten, hätte Ihnen jemand dabei helfen können.

Das eß ich nicht!

«Igitt! Das eß ich nicht!» – «Pfui, das sieht ja eklig aus!» – «Du glaubst doch nicht, daß ich das Zeug esse!»

Wie kommen Sie bei Tisch mit den Kindern zurecht, und wie bringen Sie sie dazu, ein neues Gericht zu probieren? Wie kochen Sie etwas, das allen schmeckt? Wie bekommen die etwas zu essen, die nicht zu Hause sind? Die Mahlzeiten können ein ziemliches Theater sein. Kein Wunder, daß wir ab und zu entnervt zu McDonalds gehen. Keine Klagen, alle sind zufrieden. Keine schmutzigen Teller, kein aufwendiges Kochen.

Dank der vielen Informationen, die wir heute über gesunde Ernährung haben, achten wir viel mehr auf das, was wir essen. Ich habe leider manches zu spät entdeckt, und unsere Kinder haben schon ein paar schlechte Gewohnheiten angenommen. Wie kann man sie ändern? Es ist nicht einfach, glauben Sie mir, aber hier sind ein paar Vorschläge.

Lesen Sie die Etiketten. Heute wissen wir, daß die Hauptübeltäter Fett, Kochsalz, Zucker, chemische Zusätze und zu viele Kalorien sind. Kaufen Sie keine Produkte, die zu viel von einem dieser Bestandteile enthalten.

Sprechen Sie mit Ihren Kindern über Ernährung. Reden Sie auch über die Fernsehwerbung, und erklären Sie Ihnen, daß das Hauptinteresse eines Herstellers das Geldverdienen ist – auch wenn er dabei Halbwahrheiten verbreitet.

Verwenden Sie weniger Fertigprodukte und -mischungen und mehr frische Zutaten. Auf diese Art können Sie die Qualität besser kontrollieren. (Wenn Sie berufstätig sind, müssen Sie vielleicht Kompromisse schließen.)

Halten Sie gute Nahrungsmittel bereit: Geputztes Gemüse, das roh gegessen werden kann, Nüsse, Obst, Käsewürfel usw. Wenn Sie kein «Junk Food» im Haus haben, essen die Kinder auch keins (wenigstens daheim).

Alle diese Ratschläge sind schön und gut, aber es gibt immer noch Kinder (meine eingeschlossen), die eher durch ein Nadelöhr gehen würden als Gemüse zu essen. Je älter ich werde, um so mehr bin ich davon überzeugt, daß Kinder gute Esser werden, wenn sie dazu erzogen werden. Ich kenne viele Familien, in denen die Kinder alles essen, und ich weiß, das ist das Ergebnis ihrer Erziehung.

Unsere Kinder gehören nicht dazu, aber die meiner Schwester Debbie. Sie hat acht Kinder (alle gute Esser). Eines Tages wollte meine Mutter sie besuchen und rief meine Schwester an, um zu fragen, was sie den Kindern mitbringen könnte. (Mich ruft sie in solchen Fällen nicht an. Sie weiß, daß *alles* willkommen ist, was viel Zucker enthält, und daß die Kinder sie dafür vergöttern.) Nun, nicht so bei meiner Schwester. Sie antwortete: «Wenn du Rosenkohl mitbringen könntest – das würden sie bestimmt mögen!»

Es gibt einen Grund, weshalb Debbies Kinder so gute Esser sind. Sie sind von klein auf gesund ernährt worden. Und es gab Regeln. («Wenn du jetzt zu satt bist, um weiterzuessen, bist du auch bis zur nächsten Mahlzeit satt.»)

Eine andere Mutter verriet mir folgendes Geheimnis: Vor allem aß sie selbst fast alles, und die Kinder folgten ihrem guten Beispiel. Als sie älter wurden und mit am Tisch saßen, stellte sie die Schüssel mit dem Gemüse vor ihren Platz und sagte, das sei alles für sie. Die Kinder bekamen nicht das kleinste Häppchen und sahen zu, wie ihre Mutter jeden Bissen genoß. (Das machte sie ein paarmal hintereinander.) Als der Tag kam, an dem sie das Gemüse mit den Kindern teilte, schmeckte es ihnen, einfach weil sie glaubten, es würde ihnen schmecken.

Meine Kinder sind aus diesem Alter bereits heraus. Ich kann nur argumentieren und hoffen, daß sie es eines Tages selbst einsehen werden, so wie ich. Trotzdem habe ich mit ein paar Ideen Erfolg:

- Machen Sie aus einem neuen Gericht ein Fest. Einmal im Monat probieren Sie ein neues Rezept aus und machen ein richtiges Festmahl daraus. Legen Sie ein kleines Geschenk neben jeden Teller, das ausgepackt werden darf, wenn er leergegessen ist.
- Oft nützt es auch, wenn die Kinder beim Kochen helfen oder selbst kochen. Sie werden fast ausnahmslos alles essen, was sie selbst gekocht haben. Als eines unserer Kinder gerade in einer kritischen Phase beim Essen war, probierte ich diese Idee aus. Jimmy und ich setzten uns hin und sahen einen Stapel Rezepte durch. Er suchte eines aus, das gut aussah und so einfach war, daß er dabei helfen konnte. (Er war erst sechs.) Seine Wahl überraschte mich – es war ein Salat mit Thunfisch, geraspelten Möhren und gehackten Zwiebeln. Ich glaubte nicht im Traum, daß er das essen würde, aber wir machten uns an die Arbeit. Mit offenkundigem Vergnügen servierte Jimmy der Familie sein Werk, und selbstverständlich aß er selbst eine große Portion.

Das funktioniert vielleicht nicht jedesmal, aber es erhöht die Chance, daß das Kind auch einmal etwas Neues probiert.

- Suchen Sie Unterstützung bei anderen. Unsere Kinder haben vieles bei Freunden kennengelernt. Dinge, die sie zu Hause nicht im Traum anrühren würden, verschlingen sie woanders – aus fremden Schüsseln schmeckt es einfach besser.
- Wenn das Kind ein Eckchen im Garten hat, ißt es vielleicht auch sein selbstgezogenes Gemüse.
- Tauschen Sie die Mahlzeiten ab und zu aus. Manchmal macht es Spaß, ein Omelett zum Frühstück zu essen und abends ein Marmeladenbrot.
- Gestalten Sie die Mahlzeiten interessant und abwechslungsreich. Wie wäre es zum Beispiel mal mit Vollkornwaffeln zum Frühstück? Oder einer Gemüsepizza zum Mittagessen (das mögen auch Gemüsemuffel)?
- Vielleicht hilft es auch, wenn Sie die Essenszeiten verlegen. Wenn die Kinder zu unterschiedlichen Zeiten aus der Schule kommen, gibt es mittags nur eine Kleinigkeit und abends eine warme Mahlzeit.
- Wenn Sie ein neues Gericht entdeckt haben, das der Familie schmeckt, warten Sie nicht zu lange, bis Sie es wieder servieren. Sonst vergessen die Kinder, wie sehr es ihnen geschmeckt hat, und behandeln es so mißtrauisch wie etwas Unbekanntes.
- Für besonders heikle Esser kann der Menüplan eine Hilfe sein. Nehmen wir an, am Dienstag gibt es Spaghetti, und Jimmy haßt Spaghetti. Also mache ich am Montag etwas mehr Bohnensuppe (die er liebt) und serviere sie ihm am Dienstag.

  Ich verlasse mich vollkommen auf meinen Menüplan und auf (geplante) Reste für die Kinder. Damit kann ich ihnen immer genug Abwechslung bieten, und jeder bekommt eine ausgewogene Mahlzeit, die ihm schmeckt.
- Geben Sie jedem Kind ein Stück Papier und lassen Sie es die drei Gerichte aufschreiben, die es am meisten haßt. Sammeln Sie die Listen und sagen Sie den Kindern, daß sie nichts von dem essen müssen, was sie aufgeschrieben haben – aber alles andere. Das ist eine faire Vereinbarung.
- Verwenden Sie Klebepunkte, um die Familie vor bestimmten Nahrungsmitteln zu warnen. Ein roter Punkt heißt «Stopp» (der Kuchen ist für die neuen Nachbarn, der gekochte Schinken für den Blumenkohlauflauf). Ein grüner Punkt heißt: Das darf gegessen werden. Diese selbstklebenden Punkte kosten nicht viel und sind einfach anzuwenden. (Vergessen Sie nicht, dem Babysitter zu sagen, was sie bedeuten!)

- Legen Sie eine Essenszeit fest. Wer da ist, fängt an zu essen. (Auch wenn es nur Sie selbst sind.) Bleiben Sie dabei konsequent. Ich habe von einer Frau gehört, die auf diese Weise ihre Familie erzogen hat. Jeden Abend setzte sie sich um sechs zu Tisch und aß voller Genuß. Nach und nach wollten die anderen Familienmitglieder an dieser gemütlichen Mahlzeit teilhaben und setzten sich dazu. Sie können es aber auch umgekehrt versuchen: Besprechen Sie jeden Morgen, wann alle zu Hause sein können, und legen Sie die Essenszeiten danach fest.
- Dirigieren Sie das Gespräch bei Tisch ein wenig, indem Sie sich im voraus darüber einigen, worüber gesprochen werden soll, oder indem Sie Fragen stellen.

Das Essen ist nicht der richtige Zeitpunkt, um jemand zur Rede zu stellen, weil er den Benzintank leergefahren, den Wasserhahn nicht repariert oder sein Bett nicht gemacht hat. Um die Mahlzeiten friedlicher zu gestalten, führen Sie die Regel ein, daß alle Klagen nur schriftlich geäußerst werden dürfen.

Da wir alle so beschäftigt sind, und trotz unserer Bemühungen, fürchte ich, daß die gemeinsame Familienmahlzeit eine aussterbende Tradition ist. Wenn es Ihnen trotzdem gelingt, sie aufrechtzuerhalten, machen Sie das Beste daraus! Die Ideen in diesem Kapitel können Ihnen helfen, die Stimmung bei Tisch fröhlich und angenehm zu machen – vorausgesetzt, daß keiner sein Essen herunterschlingt, weil er pünktlich zu einem Fußballspiel will!

Kapitel 12

Schluß mit dem Chaos

Ein aufgeräumtes Kinderzimmer scheint ein Widerspruch in sich zu sein. Wenn man nicht gerade ein Genie ist, braucht man einen Maschinenpark, Grundkenntnisse über Sprengstoffe oder den Mut zum Harakiri.

Die Probleme sind zahlreich und vielfältig. Mangel an bequemen Aufbewahrungsmöglichkeiten, zu viele Sachen (im Verhältnis zum vorhandenen Platz), schlampiger Umgang mit Kleidung und wenig kooperative Zimmergenossen sind die verbreitesten Ursachen.

Als ich einmal ein Gutachten über Teenager machte, fragte ich sie, was sie aus ihren Zimmern vertreibt. Hier sind ein paar Kostproben der häufigsten Antworten: Kleidung (alte, abgetragene Kleidung, zu kleine und zu große Kleidung), Reservebettzeug, Briefe, Sachen, die in ein Sammelalbum kommen sollen (irgendwann), zu viele Möbel, Bücher und Zeitschriften, Stofftiere, Puppen, Modelle und andere Projekte (vollendet oder noch in Arbeit), Souvenirs, Lockenwickler, Make-up, Schulsachen, Schmuck, Poster, Schallplatten und Kassetten, Schuhe, schmutzige Teller (gefällt mir besonders gut), Sportsachen, Skier, Stiefel, leere Schachteln (eine andere großartige Antwort), Turnbeutel und Weihnachtsschmuck. (Darüber beklagten sich seltsamerweise gleich mehrere.)

Ein anderer Teilnehmer gab die unübertroffene Antwort: «Meine Mutter hebt alte Matratzen in meinem Zimmer auf, außerdem einen Teppichkehrer und einen riesigen Abfalleimer.» Alte Matratzen? Weihnachtsschmuck? Leer Schachteln? Skier? Kein Wunder, daß die Kinderzimmer immer ein Chaos sind! Ich sage es nur ungern, aber ich glaube, die Eltern sind selbst zum großen Teil an dieser Verwüstung mitschuldig. Wir würden niemals alle unsere Besitztümer in unseren Zimmern aufbewahren, aber von den Kindern erwarten wir das. Wir würden nicht im Traum daran denken, alte Matratzen in unserem Schlafzimmer aufzubewahren, aber unseren Kindern muten wir das zu. Schande über uns!

Meine Sachen, deine Sachen

Auch hier heißt es wieder: Erst denken, dann handeln. Egal, ob es um Ihr Schlafzimmer geht oder um das Kinderzimmer, bestimmen Sie ganz genau, wozu der Raum dienen soll. Halten Sie sich dabei an die folgenden Richtlinien.

Jeder auf dieser Welt bräuchte weniger Platz, wenn er wüßte, wie wichtig die zentrale Aufbewahrung ist: für Spielzeug und Bücher, für Mäntel, Hüte, Stiefel usw. Wenn Sie zum Beispiel Bücher oder Spielzeug an mehr als einem Platz aufbewahren, brauchen Sie mehr Platz und Geld für die doppelten Aufbewahrungsmöglichkeiten. Sie haben überflüssige Wege, wenn die Dinge zu mehreren Orten gebracht werden müssen statt zu einem.

Ein anderes Problem dabei ist, daß nur der Eigentümer weiß, was wohin gehört. Wenn ich ein Buch wegräumen will, habe ich nicht die leiseste Idee, wem es gehört und wo es hinkommt.

Also denken Sie gründlich und ernsthaft nach, wenn Sie den Platz für die verschiedenen Dinge bestimmen. (Wenn Sie nur ein Kind oder keins der angesprochenen Probleme haben, können Sie das Folgende übergehen.)

Ich denke, in ein Kinderzimmer gehören vor allem Betten, Kleidung, Schuhe und Platz für die Schätze, von denen sich die Kinder nicht trennen können (Buttons, Comic-Hefte, Muschelsammlungen). Wir haben in den Kinderzimmern auch Bücher zum Vorlesen. Alle anderen Besitztümer (Bücher, Spielsachen, Sportausrüstungen etc.) sind woanders untergebracht.

Ich weiß, daß dieses System manchmal in Konflikt mit dem Eigentumsrecht der Kinder gerät, vor allem, wenn sie daran gewöhnt sind, ihre Spielsachen in ihren Zimmern zu haben. Aber wenn die Zimmer wirklich klein sind und Sie es damit versuchen wollen, dann ist es jetzt Zeit für eine Familiendiskussion. Erklären Sie, weshalb Sie einiges aus den Kinderzimmern gerne woanders unterbringen würden. Dann hören Sie sich die Ideen und Bedenken der Kinder an. Nach einem Brainstorming kommen sich Ihre Vorstellungen bestimmt näher.

Sagen Sie den Kindern, daß Sie das Umräumen als Experiment betrachten und ausprobieren wollen, wie es sich bewährt. Wenn die Kinder an der Planung und am Umräumen beteiligt werden, gehen sie mit viel mehr Begeisterung daran. Und wenn sie dann sehen, daß ihre Zimmer sich danach viel leichter in Ordnung halten lassen, sind sie schnell bekehrt. Wenn ein Kind ein neues Spielzeug bekommen hat, darf es das natürlich so lange in seinem Zimmer behalten, bis der Reiz der Neuheit verblaßt ist. Später kommt es dann zu den anderen Sachen. Natürlich gibt es auch Dinge, die die Kinder niemals mit einem anderen teilen wollen (eine Schmusedecke, eine besondere Puppe, den Chemiekasten, das Geschenk des ersten Verehrers). Diese Schätze bleiben selbstverständlich im Zimmer des Eigentümers. Aber es gibt auch Kinder, für die alles ein besonderes Spielzeug ist, das sie mit niemand teilen wollen. Unsere Kinder haben das auch hin und wieder versucht, aber ich bin standhaft geblieben. Ich habe ihnen erklärt, daß ihre Zimmer nicht groß genug sind, um alles dort aufzubewahren, und bestimmte Spielsachen deshalb einen gemeinsamen Platz haben müßten. Jetzt haben sie sich alle daran gewöhnt. Und sie haben auch begriffen, daß es so viel leichter ist, Ordnung zu halten.

Auf diese Art haben die Kinder ihre wirklich privaten Dinge und lernen andererseits, ihren Besitz mit anderen zu teilen.

Nachdem Sie nun den Zweck des Kinderzimmers festgelegt haben und wissen, was darin bleiben und was ausgeräumt werden soll, können Sie und die Kinder den zweiten Schritt in Angriff nehmen – Ballast abwerfen. (Lesen Sie dazu noch einmal Kapitel 6: «Schaffen Sie Ordnung», um Ihr Gedächtnis aufzufrischen, wenn Ihnen die Einzelheiten entfallen sind.)

Wohin mit den Kleidern

Oft beginnt das Chaos mit zu vielen Kleidungsstücken. Wenn Sie den Vorschlägen in Kapitel 6 folgen, reduzieren Sie die im Zimmer aufbewahrte Garderobe auf das, was wirklich getragen wird. Hier sind noch ein paar weitere Ideen, um Sie auf den richtigen Kurs zu bringen:

- Kaufen Sie kein Kleidungsstück, das Sie nicht brauchen, auch wenn es fantastisch billig ist.
- Kaufen Sie den Kindern nichts, was ihnen nicht gefällt. Damit sparen Sie eine Menge Platz und Geld.
- Es scheint so, als hätten die meisten Menschen zwei Arten von Kleidung: die, die sie tragen und die, die sie trugen, als sie noch dünner waren. Wenn Sie auch eine solche Sammlung besitzen, dann trennen Sie sich so schnell wie möglich davon. (Wenn Sie Kleidung auf dem Flohmarkt verkaufen wollen, versehen Sie sie beim Aussortieren gleich mit Preisschildern, bevor Sie sie weglegen. Wenn dann der Flohmarkttermin naht, ist die halbe Arbeit bereits getan.)
- Achten Sie darauf, daß Kleidung für eine bestimmte Jahreszeit leicht herauszuholen und vor allem wegzuräumen ist. Sonst wird alles zunächst «erst mal» irgendwo hingelegt, um es «später» wegzuräu-

men. Verwenden Sie Kartons, die sie unter ein Bett stellen, leere Koffer, die oberen Fächer in den Schränken, große, saubere Plastik-Mülleimer, oder hängen Sie Kleidersäcke in einen selten benutzten Schrank. Wenn Sie die Sommer- oder Wintergarderobe der Kinder weglegen, notieren Sie sich in ihrem Kalender, was in welcher Größe fürs nächste Jahr angeschafft werden muß. Dann können Sie den Ausverkauf nutzen und viel Geld sparen.

- Legen Sie nur Sachen weg, die sauber und in gutem Zustand sind. Wenn Sie nicht sicher sind, ob Sie ein Kleidunsstück behalten wollen, werfen Sie es weg. Im nächsten Jahr gefällt es Ihnen wahrscheinlich noch weniger als jetzt.
- Wenn Sie kleine Kinder haben, die schnell wachsen, stellen Sie zwei Kartons in ihr Zimmer. In den einen kommen die Sachen, aus denen Sie nach und nach herauswachsen, in den anderen die, in die sie hineinwachsen. Wenn Sie diese Kartons zur Hand haben, ersparen Sie sich das mühsame Suchen in Stapeln alter Kleidung und reduzieren die Wahrscheinlichkeit, daß ein größeres Kleidungsstück vergessen wird.
- Weggelegte Kleidung sollte nach Größe, Geschlecht und Jahreszeit sortiert werden. Beschriftete Behälter erleichtern Ihnen die Übersicht.
- Halten Sie die Schränke und Regale mit diesen Sachen immer in Ordnung. Dann sind sie leicht zu finden, wenn sie gebraucht werden.

Das Innenleben der Schränke

Beginnen Sie damit, daß Sie alles zusammensuchen, was in ein bestimmtes Zimmer gehört, und sortieren Sie es nach allgemeinen Kategorien wie: Schuhe, Krawatten, Schmuck, Schätze (der Kinder), Bettzeug, Stofftiere usw. Wenn Sie wissen, was Sie alles unterbringen müssen, können Sie den vorhandenen Platz besser nutzbar machen.

Lassen Sie uns mit dem Schrank anfangen.

Sie können einen Schrank auch ohne kostspielige Einbauten übersichtlich machen. Es gibt preiswerte und vielseitige Hilfen, die Sie kaufen oder selbst herstellen können. Sie haben den Vorteil, daß sie nach Bedarf verändert werden können, weil sie nicht fest eingebaut werden müssen.

Etwas zu Ihren Bedürfnissen Passendes finden Sie in Warenhäusern, großen Möbelhäusern etc. (Drahtkörbe, die sich wie Schubladen unter Regalbretter schieben lassen, stapelbare Plastikkästen, Gitter mit Ha-

Dicke Pullover sind in einem Hänger mit Riemen gut aufgehoben.

ken für Türen oder Wände, an denen Gürtel etc. hängen können, Stangen, die sich der Schrankbreite anpassen lassen und kombiniert mit Duschvorhangringen viele Aufhängemöglichkeiten bieten.)

Es mag Ihnen vielleicht banal vorkommen, aber am meisten hat es mir geholfen, alle Drahtkleiderbügel abzuschaffen. Stabile Holz- oder Kunststoffkleiderbügel sind viel belastbarer und verbiegen sich nicht, rosten nicht und hinterlassen keine unschönen Knicke in Hosenbeinen. (Und die Schränke sehen viel ordentlicher aus.)

Eine andere gute Idee ist es, zwei kleine Papierkörbe in den Schrank zu stellen, einen für leere Kleiderbügel und einen für Kleidungsstücke, die in die Reinigung gebracht werden müssen.

Wenn der Schrank hoch genug ist, können Sie auch eine zweite Kleiderstange anbringen und damit viel zusätzlichen Platz gewinnen. Sie können den Schrank auch senkrecht unterteilen, indem Sie ein Brett hineinstellen, das Sie mit Winkeln an der Rückseite und an der Oberseite befestigen.

Im Kinderzimmerschrank sollte alles so niedrig hängen, daß das Kind seine Sachen selbst erreichen kann. Ist er breit bzw. tief genug, können Sie an der Seiten- oder Rückwand zusätzliche Bretter anbrin-

Duschvorhangringe am Ende der Kleiderstange bieten Aufhängemöglichkeiten für Taschen, Schirme und Gürtel.

gen. Sie sollten aber verstellbar sein, damit Sie den sich ändernden Bedürfnissen des Kindes angepaßt werden können. Für Hosen können Sie auch einen dreiarmigen Handtuchhalter anbringen.

Wohin mit den Schuhen

Kommen wir nun zu ein paar einzelnen, weitverbreiteten Problemen. Fangen wir mit den Schuhen an.

Sicher kennen Sie die diversen Aufbewahrungsmöglichkeiten für Schuhe: Taschen zum Aufhängen, Schuhregale und -schränke etc. Versuchen Sie es mal mit folgenden Ideen: Schuhe können auf einem Brett im Schrank stehen. Sie können sie auch in den Originalkartons gestapelt unterbringen (beschriften!).

Ein praktischer Schuhhalter entsteht, wenn Sie eine Handtuchstange an die Rückseite des Schranks oder die Innenseite der Tür montieren: die Schuhe können einfach dahintergesteckt werden.

Aus zwei Kleiderstangen entsteht ein preiswerter, praktischer Schuhhalter.

Eine andere gute Idee: Befestigen Sie eine Kleiderstange zehn Zentimeter von der Schrankrückwand entfernt etwa 15 Zentimeter über dem Boden und eine zweite 20 Zentimeter von der Wand entfernt zehn Zentimeter über dem Boden. Die Absätze werden von der oberen Stange gehalten, die Spitzen liegen auf der unteren. Eine schnelle, einfache und billige Lösung!

Für Kinder ist das beste eine Plastikbox, in die sie ihre Schuhe einfach hineinwerfen können. (Das System funktioniert, weil sie sie werfen können!) Dann sind die Schuhe wenigstens beieinander, wenn auch ein wenig durcheinander. Wenn die Box nicht zu tief ist, sind die zueinandergehörigen Schuhe trotzdem leicht zu finden.

Wenn im Schrank nicht genug Platz für die Schuhboxen ist, stellen Sie sie auf ein niedriges Regal, unter das Bett oder neben die Wohnungstür – als freundliche Aufforderung, die Schuhe gleich beim Hereinkommen auszuziehen.

Rund ums Schlafzimmer

Auch wenn es der hauptsächliche Zweck eines Schlafzimmers ist, ein Bett zu berherbergen, bedeutet das nicht, daß das Bett unmäßig viel Platz einnehmen müßte. Zu viele oder zu große Möbel können mehr Probleme machen, als sie lösen. Wenn Sie also neue Möbel kaufen, berücksichtigen Sie die Größe des Raumes und kaufen Sie eher höhere als ausladende Stücke.

Ersetzen Sie Nachttische durch Regale über dem Kopfende des Bettes: hängen Sie einen Spiegel über einen Schreibtisch, dann brauchen Sie keinen Frisiertisch. Mehrere kleine Schubladenelemente nutzen den Platz oft besser aus als eine wuchtige Kommode. Etagenbetten, Schrank- oder Klappbetten sparen in Kinderzimmern enorm viel Platz. Sofas, die sich in ein Bett verwandeln lassen, sind ebenfalls eine gute Lösung, da sie gleich zwei Funktionen erfüllen. (Allerdings muß das Bettzeug dann täglich weggeräumt werden.)

Um das Bettenmachen zu vereinfachen, verwenden Sie Tagesdecken in der passenden Größe. Dann ist es auch für Kinder leicht, ihre Betten ordentlich zu machen.

Bewahren Sie Bettwäsche in dem Raum auf, wo sie gebraucht wird. Nehmen Sie für jeden Raum eine andere Farbe oder ein anderes Muster, damit Sie immer wissen, was wohin gehört. Bettlaken können Sie mit Wäschetinte kennzeichnen. Wenn Sie die gesamte Bettwäsche an einem Platz aufbewahren, bringen Sie die entsprechenden Markierungen an den Fächern an.

Falten Sie zusammengehörige Laken, Bettbezüge und Kopfkissenbezüge zu einem Paket zusammen.

Wenn Sie die Bettwäsche gleich nach dem Waschen und Trocknen wieder verwenden, sparen Sie sich die Mühe, sie zusammenzulegen und wegzuräumen.

Wenn die Tagesdecken abends abgenommen werden, hängen Sie sie über eine Handtuchstange an der Innenseite der Tür.

Bettwäsche, Decken und Kissen können Sie auch in einer Truhe aufbewahren. Sie kann irgendwo in der Wohnung stehen, sieht dekorativ aus und niemand vermutet, daß das Ihr Wäscheschrank ist. (Eine gute Lösung, wenn Sie wenig Platz haben.)

Ihre persönlichen Dinge

Persönliche Gegenstände wie Make-up, Schmuck und Haarpflegemittel werden oft im Schlafzimmer aufbewahrt. Obwohl wir zu diesem Thema noch im Badezimmer-Kapitel kommen, verrate ich Ihnen

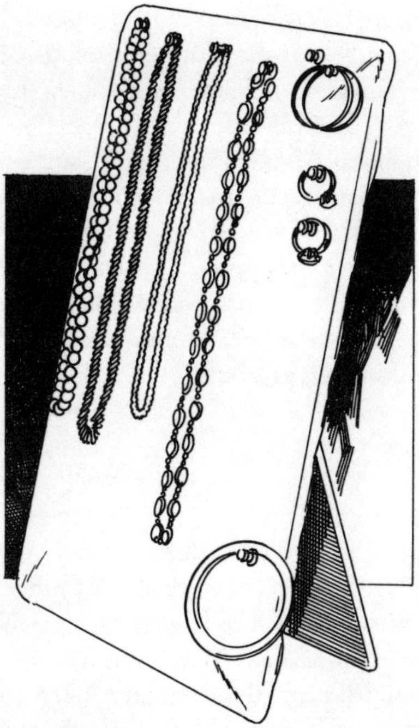

Beziehen Sie einen Bilderrahmen mit dickem Stoff und befestigen Sie daran mit Dekostiften Ihren Schmuck.

hier schon einmal ein paar Ideen für die Unterbringung im Schlafzimmer.

Make-up bleibt am besten in dem Täschchen, in dem es auch ins Badezimmer, zur Arbeit oder in die Schule mitgenommen wird. Wenn es in einem geschlossenen Behälter aufbewahrt wird, kommen kleine Hände auch nicht so leicht in Versuchung, damit herumzuschmieren. Wenn das Make-up nicht mitgenommen wird, kann es auch in einem Körbchen aufbewahrt werden, das auf einer Kommode steht oder an der Wand hängt. Sie können auch einen Drahtkorb an die Decke hängen oder die Schminksachen in einem unterteilten Kästchen in einer Schublade aufbewahren. Dann haben Sie alles sofort griffbereit.

Ihre Haarpflegemittel können Sie ähnlich unterbringen. Oder Sie bewahren alles in einer großen Schachtel auf, die Sie unters Bett schieben. Wenn diese Gegenstände allerdings vorwiegend im Badezimmer gebraucht werden, dann sollten Sie sie auch dort unterbringen. In Kapitel 13 erfahren Sie, wie Sie dort den Platz am besten ausnutzen können. Auch für die Aufbewahrung von Schmuck gibt es viele Möglichkeiten. Neben speziellen Schmuckkästen können Sie beispielsweise auch Eiswürfelbehälter benutzen, um jedes Teil für sich unterzubringen. Oder gehen Sie in die Anglerabteilung eines Kaufhauses. Dort finden Sie preiswerte Behälter mit vielen Unterteilungen, die ideal für Schmuckgegenstände sind.

Sie können auch einen Bilderrahmen mit Samt o. ä. bespannen und Ketten, Ohrringe etc. mit Dekostiften daran befestigen. Den gleichen Zweck erfüllt ein Stofftier. Oder Sie verwenden ein Stück Teppichboden oder Styropor oder ein vorgefertigtes Pinnbrett.

Vergessen Sie auch Haken, Gitter und Lochbretter nicht, an denen Sie nicht nur Schmuck, sondern alle möglichen anderen nicht zu gewichtigen Dinge aufhängen können.

Tiere, Puppen & Co.

Stofftiere liegen oft auf dem Bett, müssen abends weggeräumt und nach dem Bettenmachen wieder zurückgeräumt werden. Wenn der Besitzer das für der Mühe wert hält, ist es in Ordnung.

Aber Stofftiere können auch in einem großen Weidenkorb aufbewahrt werden oder in einer alten Wiege. Sie können mit Klettband an einer Wand befestigt oder mit Bändern an Haken aufgehängt werden. Auch eine Hängematte, die in einer Ecke aufgehängt wird, ist ein guter

Aus einem Netz oder einer Stoffbahn, die über Eck im Kinderzimmer aufgehängt werden, entsteht eine Hängematte für Stofftiere und Puppen.

Platz für Stofftiere und Puppen. Oder Sie nähen ein paar Utensilos für die Lieblinge, die an die Wand gehängt werden. Sie sind nicht nur praktisch, sondern sehen auch hübsch aus.

Poster und Bilder

Es gibt wohl kein Kind auf dieser Welt, daß nicht schon mit Betteln, Überreden oder der Drohung, das Haus zu verlassen, versucht hätte, etwas (gewöhnlich Häßliches oder Geschmackloses) in seinem Zimmer aufzuhängen.

Falls Sie zustimmen (bloß um die Familie zusammenzuhalten), aber weder Löcher in der Wand noch eine beschädigte Tapete haben wollen, wenn später das Klebeband entfernt wird, versuchen Sie es mal mit Folgendem: Nehmen Sie ein großes Stück Nylonnetz und heften Sie es mit einer Heftmaschine an die Wand. (Wenn es zur Wandfarbe paßt, ist es völlig unsichtbar.) Nun können Poster, Bilder, Wimpel usw. mit Stecknadel daran befestigt und problemlos abgenommen werden, ohne daß die Wand beschädigt wird.

Große Poster und Kunstwerke der Kinder können flach in einer großen Bildermappe untergebracht werden oder gerollt in Pappröhren, die beschriftet und in einem Papierkorb aufbewahrt werden.

Ein Zimmer, zwei Kinder

Wenn Kinder ein Zimmer miteinander teilen, ist es im besten Fall schwierig. Es können Konflikte entstehen, die schwer zu lösen sind (ein Kind räumt seine Sachen auf, das andere ist unordentlich; ein Kind möchte ungestört sein, das andere will Kontakt usw).

Was können Eltern dagegen unternehmen? Ich muß ehrlich sagen: Ich habe nicht die geringste Ahnung! Aber ich weiß, daß Durchhaltevermögen eine große Hilfe ist.

Sehen Sie sich noch einmal die Schritte zum erfolgreichen Delegieren an (Diskussion, überflüssige Arbeiten abschaffen, den Besten finden, nichts Unangenehmes abschieben, die richtigen Hilfsmittel verwenden, üben, Konsequenz, Beständigkeit, kein Zurückdelegieren, Lob und Belohnung).

Mit diesen Schritten können Sie die Probleme unter Zimmergenossen, die vielleicht existieren, zumindest erleichtern.

Vielleicht können Sie mit den Kindern zusammen eine Verfassung oder ein paar Verordnungen entwerfen. Lassen Sie die Kinder entscheiden, welche Regeln aufgestellt werden (mit Ihrer Hilfe natürlich), und welche Belohnungen oder Strafen es geben soll. Wenn beide Seiten die Bedingungen akzeptieren, lassen Sie die Kinder mit ihrem Namen unterschreiben. Hängen Sie die Verfassung so auf, daß die Kinder sie immer vor Augen haben. Sie sollten Belohnungen und Strafen möglichst selbst handhaben, obwohl Sie vielleicht manchmal vermitteln müssen. Ein anderes Thema sind Launen. Dabei hilft vielleicht ein wenig Flexibilität. Mit vier Jungen war es nicht einfach für uns, immer wieder die richtigen Zimmergenossen zusammenzubringen: Wenn einer gerade eine störrische Phase durchläuft, lassen wir ihn mit dem augenblicklich Ausgeglichensten zusammenwohnen. Meine Schwester verfrachtete eins ihrer sechs Kinder zeitweilig ins Elternschlafzimmer, bis die schwierige Phase vorüber war.

Sie können das gemeinsam bewohnte Zimmer auch mit Regalen, Vorhängen oder Schränken teilen. Natürlich halten sie keine Geräusche ab, aber zumindest hat jedes Kind das Gefühl, über ein eigenes Reich zu verfügen.

Die Zimmergenossen werden auch kooperationsbereiter sein, wenn die Eltern sinnvoll delegieren. Und wenn jeder eine Liste mit Arbeiten hat oder zwanzig Dinge aufräumen soll, wird sich eher ein Gefühl der Gemeinschaft entwickeln. Ich habe mir vorgenommen, die guten und die schlechten Tage zu akzeptieren und alle Probleme so gelassen wie möglich zu nehmen.

So, nun wissen Sie, wie Sie ein Kinderzimmer ohne die Hilfe schwerer Artillerie in Ordnung bekommen. Nie wieder werden Sie sich fragen, ob es Überlebende gibt, wenn Sie durch die Tür gehen. Ich wette, Sie können es kaum erwarten, Ihre Hilfstruppen zusammenzurufen und anzufangen!

Kapitel 13

Immer zu klein: Das Badezimmer

Mein Vater muß ein mutiger Mann gewesen sein, sechs Kinder (fünf davon Mädchen) mit nur einem Badezimmer großzuziehen. Dafür hat er wirklich einen Orden verdient.

Aber natürlich verdient auch meine Mutter einige Anerkennung. Ihr fiel die Aufgabe zu, den Badezimmerverkehr zu regeln – und irgendwie schaffte sie das, ohne eine Trillerpfeife oder einen Schlagstock zu benutzen.

Dieses Badezimmer enthielt ein Waschbecken, eine Toilette und eine Badewanne. Außerdem gab es noch ein kleines Medizinschränkchen.

Ich erzähle Ihnen diese traurige Geschichte aus einem guten Grund. Jeden Tag, wenn ich unser Badezimmer betrete (was eigentlich nur einer Bergziege möglich ist) und die Haufen von Handtüchern, Kleidern, Schuhen, die Zahnpastakleckse, die Lockenwickler und die nassen Windeln sehe, atme ich tief ein und sage mir: « Wenn meine Mutter das geschafft hat, dann kann ich das auch.» Und Sie können es ebenfalls.

Es hätte kein ungünstigeres Badezimmer geben können als unseres, aber irgendwie ging es. Meine Mutter ist eine Meisterin darin, jeden Winkel auszunutzen, und ihre Erfahrungen möchte ich an Sie weitergeben. Zuerst bitte ich Sie natürlich, Ihr Badezimmer zu kontrollieren und alles wegzuwerfen, was nicht benutzt wird. Hier ist keine Unsicherheit gestattet, sondern Kaltblütigkeit gefordert. Toilettenartikel, Make-up und vor allem Medikamente verändern sich mit der Zeit chemisch. Auch Parfüms können verderben. Also weg damit!

Wo ist noch Platz?

Fehlende Unterbringungsmöglichkeiten sind der Hauptfehler der meisten Badezimmer, aber auch das kann man ändern, ohne Unsummen auszugeben. Das Badezimmer wird häufiger benutzt als jeder andere Raum (die Küche ausgenommen), deshalb sollten wir uns wirklich alle Mühe geben, es so angenehm und bequem wie möglich zu gestalten.

Zuerst ein paar allgemeine Ideen zur Aufbewahrung. Wo ist noch ungenutzer Platz? Normalerweise an den Wänden (über der Toilette, über der Badewanne, unter dem Waschbecken), sogar in den altmodischsten oder winzigsten Badezimmern.

Die Fläche über der Toilette ist gewöhnlich verschwendeter Platz. Dies ist der ideale Ort für ein kleines Regal. Wenn Sie es nicht direkt an der Wand anbringen wollen, können Sie auch einen passenden Behälter auf den Spülkasten stellen.

Wenn Sie eine Badewanne ohne Dusche haben, können Sie über der Wanne ebenfalls ein Regal anbringen oder ein Schränkchen, Körbe etc. aufhängen. Sie können auch die Innenseite der Badezimmertür nutzen und dort ein Untensilo oder ein leichtes Regal anbringen.

Auch Eckschränke sind ideal für vollgestopfte Badezimmer. Wenn Sie etwas vor Kindern sichern müssen, nehmen Sie einen abschließbaren Schrank oder einen mit einem abschließbaren Innenfach. Und vielleicht ist auch auf dem Fußboden noch Platz. Unter dem Waschbecken z. B. könnte vielleicht noch ein Behälter für schmutzige Wäsche stehen oder ein kleines Regal für Handtücher etc.

Platz gewinnen

Wenn Sie ein Baby und wenig Platz haben, nutzen Sie die Badewanne. Ein passendes Brett als Auflage, mit selbstklebender Folie beklebt, bietet genug Platz für die Babywanne und zum Wickeln. Wenn

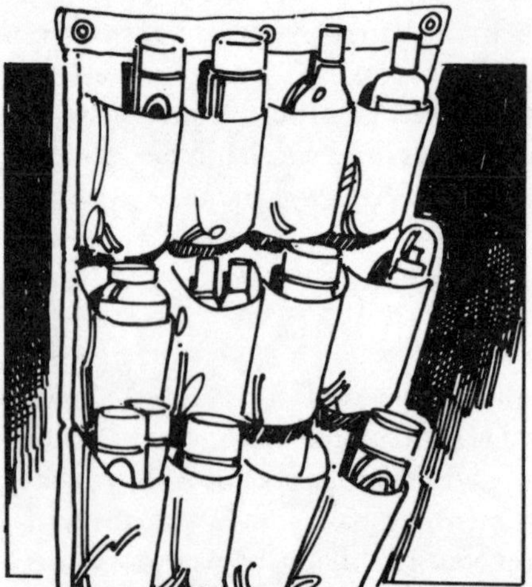

In einem Schuhhalter sind häufig benutzte Dinge schnell zur Hand.

Ein praktischer Halter für Seife, Waschlappen etc. kommt quer über die Badewanne.

es nicht gebraucht wird, kann es an die Wand gelehnt oder auf den Boden gelegt werden – es ist stabil genug, um darauf zu stehen. (Diese Idee hat ein paar offenkundige Nachteile, kann aber trotzdem nützlich sein, wenn sonst keine freie Fläche zur Verfügung steht.)

Es gibt auch Halter für Seife, Waschlappen, Shampoo etc., die quer über die Wanne gehängt werden können. Ebenfalls zusätzlichen Platz gewinnen Sie, wenn Sie Körbe an die Wand montieren – für jedes Familienmitglied einen – in die Zahnbürsten und -becher, Kämme, Zahnpasta, und (über den Rand gehängt) Waschlappen kommen.

Nun lassen Sie uns noch ein paar spezielle Fälle betrachten.

Wohin mit den Handtüchern?

Feucht oder trocken, zusammengefaltet oder auf einem Haufen, sauber oder schmutzig – in jeder Form sind Handtücher ein Problem, und die gewöhnliche Badezimmerausstattung mit einem einarmigen Handtuchhalter löst es nicht. Jeder, der das Badezimmer benutzt, braucht mindestens zwei Handtuchhalter. Ringe sind für kleinere Kinder nicht zu empfehlen, weil sie etwas Geschicklichkeit erfordern. Haken dagegen sind leicht anzubringen und zu benutzen. Sie können z. B. an der Tür oder hinter der Tür angebracht werden. Praktisch sind auch mehrarmige Handtuchhalter, von denen Sie mehrere über- oder nebeneinander montieren können.

In jedem Badezimmer sollte, wenn möglich, ein Wäschebehälter für schmutzige Handtücher stehen. Es gibt sie in verschiedenen Versionen zu kaufen, aber Sie können auch einen Plastiksack, einen Kopfkissenbezug o. ä. aufhängen. Aber vergessen Sie nicht, daß Handtücher in der Regel saubere Haut und saubere Haare trockenen – waschen Sie sie also nicht zu häufig!

Der Apothekenschrank

Da Medikamente normalerweise im Badezimmer aufbewahrt werden, ist es vielleicht sinnvoll, in diesem Zusammenhang auch über den Apothekenschrank zu sprechen.

- Heben Sie niemals Antibiotika auf (es sei denn, auf ärztlichen Rat). Viele verlieren mit der Zeit ihre Wirksamkeit und verändern sich chemisch.
- Heben Sie keine Medikamente auf, die Sie nicht mehr einnehmen müssen (wenn Ihnen der Arzt nichts anderes empfiehlt). Wenn die Symptome wiederkehren, ist die Ursache vielleicht eine andere. Gehen Sie dann also lieber zum Arzt.
- Achten Sie auf Verfallsdaten. Falls nicht angegeben, fragen Sie den Apotheker und schreiben Sie das Datum auf die Schachtel.
- Das Badezimmer ist vielleicht nicht der geeignetste Platz für die Aufbewahrung von Medikamenten. Die Wärme und die Feuchtigkeit lassen sie schneller verderben.
- Bei antseptischen Mitteln, die Alkohol enthalten, verdunstet der Alkohol mit der Zeit, und dadurch werden sie konzentrierter.
- Wenn Sie frei verkäufliche Medikamente erwerben, achten Sie ebenfalls auf das Verfallsdatum. Ist keins angegeben, schreiben Sie das Kaufdatum auf die Packung. Sehen Sie Ihren Vorrat an Medikamenten wenigstens einmal im Jahr durch und sortieren Sie alles aus, was über das Verfallsdatum hinaus oder älter als ein Jahr ist.
- Heben Sie jedes Medikament in der Originalverpackung auf, zusammen mit der Gebrauchsinformation. Medikamente, deren Verfallsdatum überschritten ist, bringen Sie am besten zurück in die Apotheke. Bitte nicht in den Mülleimer oder in die Toilette werfen!
- Medikamente sollten außerhalb der Reichweite von Kindern in kindersicheren Behältern untergebracht sein. Halten Sie trotzdem die Nummer der Giftnotrufzentrale bereit. (Wenn Sie in einen kinder-

losen Haushalt kommen, seien Sie besonders vorsichtig. Oft stehen dort Medikamente offen auf dem Küchentisch, im Badezimmer oder im Schlafzimmer.) Wenn Sie die alten Medikamente aussortiert haben, ist es Zeit, über die richtige Aufbewahrung nachzudenken. Die gebräuchlichen Schränkchen für Medikamente sind meist abschließbar, so daß sie auch kindersicher sind.

Eine ander Möglichkeit ist eine Schachtel, die Sie auf ein hohes Bord stellen. (Nehmen Sie am besten zwei Schachteln, eine für Medikamente, die eingenommen und eine für die, die äußerlich angewendet werden.)

Wenn Sie ein paar Plastikbecher und -löffel bei den Medikamenten aufbewahren, haben Sie alles beisammen, was Sie im Notfall brauchen.

Wenn die Medikamente nicht unbedingt kinderischer aufbewahrt werden müssen, können Sie auch ein ausrangiertes Gewürzregal verwenden. Dann ist alles übersichtlich untergebracht und sofort zur Hand.

Noch mehr Tips fürs Badezimmer

Vielleicht finden Sie hier noch ein paar Ideen, die Ihnen nützlich sein können.

- Halten Sie im Badezimmer eine Rolle Papierhandtücher bereit. Damit können nasse Hände und Gesichter abgetrocknet und Spritzer weggewischt werden, ohne daß immer ein Handtuch benutzt wird. So sparen Sie Wäsche.
- Andere Dinge, die im Badezimmer häufig gebraucht werden, sind: Eine Uhr, frische Unterwäsche, ein niedriger Spiegel, ein Hocker für die Kleinen und neue Zahnbürsten für vergeßliche Gäste.
- Bringen Sie an der Innenseite einer gläsernen Duschtür einen zusätzlichen Duschvorhang an. Dann bleiben das Glas und Gummidichtungen immer sauber und fleckenlos.
- Benutzen Sie am besten flüssige Seife, damit vermeiden Sie rissige Seifenstücke und Rückstände im Waschbecken.
- Stecken Sie Badespielzeug in ein Plastiknetz oder einen Beutel, in dem es nach dem Bad aufgehängt trocknen kann. Wenn Sie keinen Platz zum Hängen haben, nehmen Sie einen Fahrradkorb o. ä., der nach dem Bad in der Wanne stehenbleibt.
- Sorgen Sie dafür, daß jeder in der Familie seinen Zahnputzbecher ein paarmal in der Woche in die Küche bringt, damit er gründlich gespült werden kann.

- Stecken Sie Kosmetikpinsel dekorativ in einen Korb, eine Vase, einen Keramiktopf oder einen Kognakschwenker.
- In den Plastikdeckeln von Spraydosen können Sie Lippenstifte, Mascara, Lidschattenstifte etc. übersichtlich aufbewahren.
- Füllen Sie den Inhalt zerbrechlicher Behälter oder von Flaschen mit Schraubverschlüssen in Plastikflaschen mit Kippdeckel um. Das ist nicht nur eine Sicherheitsmaßnahme, sondern Sie können damit auch besser dosieren. (Ketchup- oder Senfspender tun es auch.)
- Bringen Sie unter einem Regalbrett eine leere Dose an, in der Sie Ihren Lockenstab aufbewahren können.
- In einem alten Zahnbürstenhalter können Sie Ihren Fön unterbringen – er paßt genau in die Öffnung für den Becher.
- Bürsten, Kämme etc. können Sie in einem Besteckkorb aufbewahren.
- Oder Sie packen alle Toilettengegenstände in einen unterteilten Behälter – dann ist alles übersichtlich zur Hand.
- Wenn Sie nur sehr wenig Platz im Badezimmer haben, verzichten Sie lieber auf den Kauf großer Sparpackungen, auch wenn das etwas teurer ist. Aber Sie sparen kostbaren Platz. Wenn Sie woanders mehr Platz haben, heben Sie die großen Packungen dort auf und füllen die kleinen Behälter im Badezimmer nach Bedarf auf.
- Wenn Sie kleine (oder viele) Kinder haben, kaufen Sie Zahnpasta nicht in Metalltuben, die leicht brechen. Verwenden Sie lieber Plastiktuben. Gelzahnpasta ist ebenfalls ungünstig für Kinder, weil sie sich nicht sauber auf die Zahnbürste drücken läßt. Es gibt immer Kleckse und Schmierereien. Nehmen Sie normale Zahnpasta, bis die Kinder älter sind.
- Ein alter Pfeifenständer ist ein idealer Zahnbürstenhalter für eine große Familie.
- Badezimmertüren sollten niemals abgeschlossen werden – für den Notfall.
- Wenn Sie Ihre Bedürfnisse und Ihre räumlichen Möglichkeiten geklärt haben, wollen Sie vielleicht das eine oder andere anschaffen. Machen Sie also einen Einkaufstrip durch die entsprechenden Abteilungen der Kaufhäuser, wo Sie viele nützliche Dinge finden können, die Ihnen mehr Platz verschaffen, ohne Ihr Portemonnaie zu strapazieren.

Wie lang ist eine Minute?

Wie lang ist eine Minute? Das hängt davon ab, auf welcher Seite der Badezimmertür Sie sich befinden. Wenn Sie ein heißes Bad genießen oder wohlig unter der Dusche stehen, scheint die Zeit stillzustehen. Nicht aber für den armen unrasierten Kerl, der von draußen gegen die Tür hämmert und bereits fünf Minuten zu spät dran ist.

Auch wenn das Badezimmer groß genug ist, muß seine Benutzung geregelt werden, damit es nicht täglich zu einem Verkehrschaos kommt.

Wer zuerst aus dem Haus muß, geht also als erster ins Badezimmer usw. Das mag banal klingen, aber jeder sollte die Regeln kennen und wissen, daß er sich daran halten muß, damit der Ablauf nicht gestört wird.

Um letzteres zu vermeiden, stellen Sie eine Uhr ins Badezimmer, damit jeder seine Zeit auch wirklich einhält.

Natürlich nützt das Organisieren nur, wenn die Kinder nicht jedesmal aus der Benutzung des Badezimmers eine Abenteuerexpedition machen. Und vergessen Sie nicht, ihnen die kleinen täglichen Handgriffe zu zeigen. Oft bringen wir ihnen bei, die Badewanne zu scheuern, die Toilette zu putzen, frische Handtücher aufzuhängen und die Armaturen zu polieren, aber wir vergessen, ihnen zu sagen, was täglich getan werden muß.

Bringen Sie ihnen also bei, die Handtücher nach Gebrauch immer aufzuhängen, schmutzige Wäsche in den Wäschekorb zu legen und alles, was sie benutzt haben, wieder wegzuräumen. (Das ist nicht so schwierig, wenn Sie ein paar der genannten Ideen für die Aufbewahrung anwenden und alles seinen festen Platz hat.)

Wenn Sie also das nächste Mal das Schlachtfeld betreten, das kinderlosen Menschen als Badezimmer bekannt ist, gehen Sie, bewaffnet mit ein paar praktischen Ideen, zum Gegenangriff über!

Kapitel 14

Und wo soll das noch hin?

Ich rege mich jedesmal ziemlich auf, wenn ich ein Buch oder einen Artikel über Organisation in der Familie lese. Manche Experten glauben, man sei wohlhabend genug, um sich all den Schnickschnack zu leisten, den sich die Industrie für diese Zwecke ausgedacht hat. Der Sinn dieses Kapitels ist es jedoch, Ihnen zu zeigen, wie man die verschiedenartigsten Dinge unterbringen kann, ohne die Inneneinrichtung zu zerstören, Wände herauszureißen, einen Bankrott zu riskieren oder Wörter zu gebrauchen, die die Kinder nicht hören sollen.

Sportgeräte

Das ist ein weites Feld, deshalb lassen Sie uns zunächst die Sportgeräte betrachten, die in einem Haushalt mit Kindern häufiger zu finden sind. Eine der besten Lösungen, die ich je gesehen habe, um Bälle, Handschuhe, Knieschützer, Helme etc. unterzubringen, ist diese: Kaufen Sie ein preiswertes Stahlregal mit fünf Fächern und befestigen Sie die Einlegeböden umgekehrt (mit den Kanten nach oben.) Sie brauchen dazu nur einen Schraubenzieher. So können Bälle, Schläger, Rollschuhe und Skatboards nicht abrutschen. Sie können die Abstände der Böden nach Wunsch variieren, um Sie Ihren Bedürfnissen anzupassen. (Schwere Gegenstände bringen Sie am besten unten unter.)

Mit ein paar Schrauben und Muttern bringen Sie nun an jeder Regalseite ein Lochbrett an. Daran können Sie sperrige Dinge aufhängen: Skier, Angeln, Schlittschuhe, Schwimmflossen usw. Größere Dinge fallen nicht heraus, wenn Sie kräftige Schnur bis zur gewünschten Höhe durch die Löcher des Regals ziehen.

Wir haben jahrelang eine große Industrie-Mülltonne verwendet, die sämtliche Sportsachen (Schläger, Bälle, Fußballschuhe, Handschuhe, Helme) aufnahm. Sie beanspruchte nicht viel Platz, und alles war gut untergebracht; da die Tonne offen war, konnten auch die Kinder ihre Sachen ganz einfach wegräumen. Der Nachteil war, daß man manchmal ein Weilchen suchen mußte, um etwas zu finden. (Aber auch das war in Ordnung, denn es ist wichtiger, daß die Sachen leicht wegzuräumen sind.)

Eine preiswerte Holzleiter wird mit kräftigem Seil an der Decke befestigt – ideal für Skier, Angeln etc.

Eine große Spielzeugkiste ist ein praktischer Behälter für Bälle und Schläger. Aber auch in Einkaufstaschen oder Matchsäcken läßt sich Sportzubehör unterbringen. Ein umgekehrt aufgestellter Barhocker kann Golfschläger, Angeln, Skistöcke etc. aufnehmen. Handschuhe, Helme usw. kann man über die Beine hängen.

Der Schlüssel zur Ordnung ist es, zusammengehörige Dinge auch zusammen aufzubewahren: Flossen und Schnorchel, Tischtennisschläger und Bälle kommen zusammen in einen Beutel oder einen anderen Behälter und können aufgehängt oder in einem stabilen Regal untergebracht werden. Eimer sind praktische Behälter für Bälle, Zeltheringe, Handschuhe etc. Um lange Gegenstände unterzubringen, können Sie eine preiswerte Holzleiter an die Decke montieren, auf die Sie Skier, Stöcke, Angeln etc. legen können. Da alles von unten sichtbar ist, sind die Sachen leicht zu finden.

Manche Dinge wie Rucksackrahmen, Skier, Angeln etc. lassen sich ebenfalls gut aufhängen. Für eine Angel montieren Sie zwei Wäscheklammern in etwa 40 Zentimeter Abstand an die Wand und klemmen sie hinein. Ein Rucksackrahmen läßt sich an einem Haken aufhängen.

In Sportgeschäften finden Sie außerdem noch eine ganze Reihe von speziellen Vorrichtungen für die Unterbringung aller möglichen Sportgeräte.

Fahrräder

Fahrräder stehen immer irgendwo im Weg. Auch wenn ich Ihnen ein paar Vorschläge mache, werden Sie ein wenig darauf achten müssen, daß die Vorrichtungen tatsächlich benutzt werden.

Zunächst müssen die Fahrräder einen festen Platz haben, den alle Familienmitglieder kennen. Eventuell markieren Sie diesen Platz mit Farbe. An kräftigen Wandhaken können die Fahrräder auch aufgehängt werden, wenn sie länger nicht benutzt werden. Dreiräder können an einem niedrig angebrachten Haken aufgehängt werden, damit die Kinder sie selbst erreichen können.

Mäntel, Hüte, Handschuhe und Stiefel

Ein Garderobenschrank ist unpraktisch. Man muß hingehen, die Tür aufmachen, die Sachen herausnehmen oder hineinhängen – viel zu viele Umstände. Deshalb werden Mäntel und Jacken auch meistens auf Betten geworfen oder über einen Türgriff bzw. einen Stuhl gehängt.

Ideal zum Aufhängen sind dagegen möglichst viele Garderobenhaken in der Nähe der Eingangstür. Haken werden eher benutzt als Kleiderbügel, also bringen Sie so viele an wie möglich, damit immer nur ein Kleidungsstück an einem Haken hängt. Wenn Sie wenig Platz zur Verfügung haben, hängen Sie nur die Stücke auf, die täglich getragen werden. Sorgen Sie dafür, daß die Haken für die Kindersachen so niedrig angebracht sind, daß sie gut erreichbar sind. Mützen, Schals und Handschuhe kommen am besten in kleine Behälter (für jedes Familienmitglied einen), in den sie einfach hineingeworfen werden. Oder Sie verwenden einen großen, den alle benutzen. Eine Kommode oder ein Schubladenelement erfüllen den gleichen Zweck.

Mützen und Handschuhe trocknen im Winter schneller, wenn sie über ein freistehendes Schuhregal gezogen werden.

Nasse Stiefel können in eine flache Plastikwanne (Katzentoilette) gestellt werden, die die Nässe auffängt und verhindert, daß sie auf einem Haufen liegen. Die Wannen sollten dicht bei der Tür stehen, damit Schmutz und Schneematsch gar nicht erst in die Wohnung getragen werden.

Obwohl diese Methode sehr gut funktioniert, trocknen die Stiefel nur ziemlich langsam. Damit sie ordentlich untergebracht sind und schneller trocknen, probieren Sie die folgende Idee aus: Sie brauchen für jedes Stiefelpaar einen Mauerstein mit drei Löchern, einen etwa zwei Zentimeter dicken und 80 Zentimeter langen Holzstab und Gips. Sie müssen nichts weiter tun als den Stock halbieren. Dann mischen Sie den Gips nach Anweisung mit Wasser. Stecken Sie je einen Holzstab in die äußeren Löcher und füllen Sie sie mit Gips auf. Achten Sie darauf, daß die Stäbe gerade stehen. Wenn der Gips trocken ist, haben Sie einen stabilen Stiefelständer. Die Stiefel werden einfach umgekehrt auf den Ständer gesteckt. Das Gewicht der Steine verhindert, daß er umkippt. Nun können die Stiefel trocknen und sind trotzdem ordentlich aufgestellt. (Wenn Sie den Stiefelständer lackieren, sieht er noch besser aus.) Die Stiefelständer können in eine Plastikwanne gestellt werden, um den Fußboden trockenzuhalten.

Eine andere einfache Aufbewahrungsmethode für Stiefel: Klemmen Sie sie an einen Rockbügel und hängen Sie sie auf. (Ungeeignet für nasse Stiefel, aber trockene können Sie auf diese Art gut unterbringen.) Auch Drahtkleiderbügel können Sie zu einem Stiefelhänger biegen.

Noch ein paar Tips und Tricks

Hier ist noch eine bunte Auswahl verschiedenster Aufbewahrungs- und Organisationsmöglichkeiten:

- Wenn Sie unbedingt Zeitschriften aufheben müssen (sogar ich habe davon ein paar zuviel), probieren Sie einmal die folgende Idee aus:
  Sortieren Sie die Zeitschriften monatsweise – alle Januarnummern zusammen, alle Februarnummern usw. Das ist besonders praktisch, weil Sie dann alle Ideen für Ostern in den Märzausgaben beisammen haben, Tips für Weihnachten im November usw. Auf die Titelseiten können Sie Karteikarten kleben, auf denen Sie die Seitennummern von speziellen Artikeln, Rezepten etc. vermerken. Wenn Sie beim Durchblättern auf einen interessanten Artikel stoßen, machen Sie ein Eselsohr in die Seite, dann finden Sie sie später leichter wieder.
- Wenn Ihr Telefonbuch sehr häufig benutzt wird, heften Sie ein Extrablatt ein, auf dem die wichtigsten Telefonnummern verzeichnet sind. Notieren Sie dort auch die Nummern der Freunde Ihrer Kinder, damit sie dort erreichbar sind.

Bevor wir den Familienplaner eingeführt haben, lag neben dem Telefon ein DIN-A4-Blatt, auf das Nachnamen und Telefonnummern von ungefähr achtzig Leuten getippt waren, die wir regelmäßig anriefen. Die Vorderseite war mit durchsichtiger Selbstklebefolie beklebt, die Rückseite blieb frei für Änderungen und Zusätze. Das Blatt mußte nur ein- bis zweimal pro Jahr ausgewechselt werden.

Eine andere gute Methode ist es, oft gebrauchte Nummern mit Namen auf kleine Karteikarten zu schreiben und in einen entsprechenden Kasten zu stecken. Änderungen und Ergänzungen sind dann ganz einfach zu machen.

- Wie hebt man Briefe auf – vor allem, wenn man sie ab und an gerne wieder lesen möchte? Die beste Methode, die ich kenne, ist ein Ringbuch. Es ist leicht aufzubewahren, und jeder Brief ist einfach zu finden.

  Sie können auch Aktendeckel verwenden oder Ziehharmonikamappen. Alle diese Ideen sind besser als der gute alte bindfadenverschnürte Schuhkarton.
- Taschenbücher nehmen in einem normalen Bücherregal eine Menge Platz weg. Stellen Sie sie in einer Doppelreihe auf, und Sie können doppelt so viele unterbringen. Damit man die hintere Reihe sieht, legen Sie einen oder zwei Holzblöcke darunter, so daß eine Stufe entsteht. Dann finden Sie auf Anhieb jedes Buch, das Sie suchen.
- Stricknadeln oder Pinsel lassen sich leicht durch ein grobgewebtes Tischset stecken, das zusammengerollt und zugebunden wird.
- Kassetten stapeln sich meist da, wo sie benutzt werden, besonders bei den Kindern. Natürlich gibt es Kassettenhalter zu kaufen, aber meine Kinder haben sie ungern benutzt; jede Kassette hat ein eigenes Fach, und das ist Kindern (meinen sowieso) zu mühsam. Sie legen Sie immer «erst mal» obendrauf. Besser ist ein Schubladenelement aus Holz, Plastik oder stabilem Karton, in das die Kassetten hineinpassen. (Beschriften Sie die Rücken von selbst aufgenommenen Kassetten, damit man gleich die richtige findet.)
- Videogerät und -spiele haben wir in einem stabilen Nachttisch untergebracht, auf dem der Fernsehapparat steht. Ich habe einfach ein Loch durch die Rückwand der oberen Schublade und durch die Rückwand des Nachttischs gebohrt. Das Videogerät steht jetzt in der Schublade, und das Kabel geht durch die Löcher zum Fernseher. Die Spielkassetten passen ebenfalls in die Schublade. Nun brauchen die Kinder sie bloß herauszuziehen, eine Kassette einzulegen und können spielen. Nach Gebrauch verschwindet alles wieder, und nur der Fernsehapparat ist noch zu sehen.

- Besitzen Sie Sachen, die groß oder unförmig sind? Diese Dinge sind nicht unbedingt schwer, aber schlecht unterzubringen. Um dieses Problem zu lösen, verwenden Sie eine kräftige Metallklammer, die sich aufhängen läßt. Ich packe alles, was sauber bleiben soll, in große Plastiksäcke, die ich oben falte, an der Klammer befestige und weghänge.
- Als Halter für einen Gartenschlauch eigenen sich sieben leere Kaffeedosen: Nageln Sie sie an die Keller- oder Garagenwand und wikkeln Sie den Schlauch darum. Die offenen Dosen sind praktische Mini-Behälter.
- Montieren Sie einen Besenhalter neben den Wasserhahn im Garten. Das ist ein perfekter Platz für die Schlauchdüse.
- Und nun zu Geschenkpapier, Bändern etc.: Große Papierrollen bewahren Sie in einem engen, hohen Papierkorb auf. Befestigen Sie an der Seite einen Beutel für Schere, Klebeband, Aufkleber und Geschenkanhänger. Oder Sie packen alles in einen dekorativen Korb.

Aus einem Waschmittelkarton können Sie mit wenig Aufwand ein «Verpackungscenter» machen (siehe Illustration).

Gefaltete Geschenkpapierbögen lassen sich in einer Faltmappe gut geschützt aufbewahren.

Garn oder Geschenkband kann man auch in einem kleinen Gitterkörbchen aufbewahren. Das Ende wird einfach durch ein Loch gezogen, das Knäuel bleibt an seinem Platz.

Ein Schuhkarton bringt ebenfalls Ordnung in die Geschenkbandrollen. Stellen Sie die Rollen senkrecht nebeneinander hinein, schneiden Sie Schlitze in den Deckel und ziehen Sie die Bandenden hindurch. Dann kleben Sie den Deckel fest. Nun können Sie die Bänder je nach Bedarf herausziehen und abschneiden, ohne daß sie sich verheddern.

Wenn Sie ein spezielles Hobby haben (Fotografieren, Töpfern etc.), das Ihnen Platz- und Aufbewahrungsprobleme macht, dann konsultieren Sie am besten einen Experten auf diesem Gebiet. Sprechen Sie mit Menschen, die ähnliche Interessen haben, und fragen Sie sie nach Ideen. Halten Sie die Augen offen, wenn Sie in einem Spezialgeschäft sind. Welches System verwendet man dort? Gehen Sie die vier Unterbringungsmöglichkeiten durch, um die beste Lösung für sich selbst zu finden.

Kapitel 15

Sonnenaufgang, Sonnenuntergang

Seien Sie ehrlich: Sind «Aufstehen» und «Schlafengehen» nicht auch für Sie Reizwörter?

Jeder neue Tag bietet Ihnen aufs neue die Gelegenheit, vierzehnmal «Aufstehen!» zu brüllen und jeden Satz mit dem Wort «schnell» zu beenden; fieberhaft nach einem verlorenen Schuh zu suchen; eine Mathematikaufgabe nachzusehen; einen leeren Eierkarton für ein Bastelprojekt herauszusuchen; jemand beim Bau eines Raketenmodells zu helfen und dabei einen anderen, dessen Haar nicht «richtig liegt» davon zu überzeugen, daß er aussieht wie ein Filmstar. Meine Schwiegermutter pflegte zu sagen, daß es morgens, nachdem die Kinder fort waren, so gewesen wäre, als hätte ein Hurrikan das Haus heimgesucht. Jetzt verstehe ich, was sie meinte, obwohl ich weiß, daß der Frieden nicht von Dauer ist. Der Sturm kehrt bald zurück, und im Handumdrehen ist es Zeit zum Schlafengehen. (Wobei sich das Problem umgekehrt stellt – wer morgens nur mühsam aus dem Bett kommt, findet abends um so schwerer hinein).

Sonnenaufgang

Ein erfolgreicher Tag beginnt am Abend zuvor: mit der richtigen Planung. Fangen Sie Ihren Morgen also abends an, indem Sie folgendes tun:

1. Fragen Sie jedes Kind, ob irgend etwas für den nächsten Tag vorbereitet werden muß. (Hausaufgaben nachsehen, zwei leere Joghurtbecher zum Basteln bereitlegen, etwas unterschreiben, Geld für Kakao mitnehmen etc.) Lassen Sie die Kinder alles, was sie brauchen, in ihre Schulranzen oder -mappen packen und fragen Sie vor dem Zubettgehen, ob sie es auch getan haben. Sehen Sie auch die Pläne für den nächsten Tag durch, damit Sie im voraus wissen, ob Jim irgendwo hingefahren werden muß, ob Brian nach der Schule seinen Komputerkurs hat, ob Jeff Fußballtraining hat. Mit diesen Informationen bewaffnet können Sie besser planen und sich Ihren Tag einteilen.

2. Können Sie besondere Notwendigkeiten voraussehen? (Jim hat vor der Schule Chorprobe; er muß seinen Wecker eine Stunde früher stellen. Ich halte um zehn Uhr einen Vortrag; Material zusammenstellen und bereitlegen. Steven hat Sprechtherapie; Handbuch herauslegen.) Auf diese Weise schonen Sie Ihre Nerven, denn es ist leichter, auch am Ende eines langen, anstrengenden Tages gelassen zu bleiben, wenn man weiß, daß die Grundlagen für einen erfolgreichen Morgen bereits geschaffen sind.
3. Legen Sie Kleidung heraus. Gewöhnen Sie alle daran, ihre Kleidung für den nächsten Tag bereitzulegen. Schuhe, Socken, Zubehör, Mützen, Mäntel, Handschuhe – alles! Wenn jemand einen fehlenden Knopf oder einen abgerissenen Saum entdeckt, können die notwendigen Reparaturen jetzt noch gemacht werden statt in der morgendlichen Hetze. Wenn das zuviel verlangt ist, sorgen Sie dafür, daß die Wäsche regelmäßig gewaschen wird und die Familie den Plan kennt. Sorgen Sie ebenfalls dafür, daß keine schmutzigen, kaputten oder zerknitterten Sachen weggelegt werden.
4. Räumen Sie auf, leeren Sie den Geschirrspüler und sortieren Sie die Wäsche, wenn Sie am nächsten Tag waschen wollen. Lassen Sie jeden zwanzig Sachen aufräumen, oder stellen Sie den Wecker auf zehn Minuten und lassen Sie jeden mit Hochdruck arbeiten. (Für zehn Minuten kann man alles aushalten, stimmt's?) In einer aufgeräumten Wohnung aufzuwachen ist das schönste Geschenk, das Sie sich selbst machen können. Manche Menschen gehen so weit, daß sie auch noch den Frühstückstisch decken.
5. Planen Sie das Mittagessen für den nächsten Tag. Wenn Sie den größten Teil des Tages außer Haus sind, legen Sie Anweisungen in die Küche, so daß derjenige, der als erster (oder der, der dran ist) mit den Vorbereitungen beginnen kann. Wenn Sie zu Hause sind, bereiten Sie das Mittagessen so weit wie möglich gleich nach dem Frühstück vor.
6. Und noch einmal: Konsultieren Sie Ihren Kalender. Überdenken Sie Ihre Ziele und planen Sie Ihren Tag. Auf diese Weise machen Sie sich Ihre Prioritäten noch einmal ganz bewußt.
7. Schaffen Sie Anregungen für sich, und achten Sie auf das, was den anderen guttut. (Mein Mann hat gern eine heiße Dusche und die Morgenzeitung. Jim liebt Rockmusik. Ich mag Gymnastik. Jeff möchte seine Ruhe haben.) Versuchen Sie, allen Bedürfnissen so gerecht wie möglich zu werden.
8. Legen Sie einen Zeitplan fest, der zur Routine wird. Lassen Sie jeden aufschreiben, was er morgens zu tun hat und wie lange es dauert. Hier ist Jims Plan:

- Aufstehen, Duschen, Anziehen: 20 Min.
- Haushaltspflichten: 20 Min.
- Frühstücken: 15 Min.
- Zähneputzen, Mantel anziehen: 7 Min. Insgesamt: 62 Min.

Nun addieren Sie zur Sicherheit 15 Minuten dazu und kommen so auf 77 Minuten. Jim muß um acht aus dem Haus. Das heißt, er muß zwischen 6 Uhr 40 und 6 Uhr 45 geweckt werden. Nun ist Jim bekannt dafür, daß er um halb acht aus dem Bett stolpert und gerade noch Zeit hat, sich anzuziehen, etwas herunterzuschlingen und loszustürmen. Aber die ganze Familie bezahlt dafür, wenn jemand länger schläft.

Wenn alle einzelnen Pläne fertig sind, können die Zeiten für die Badezimmerbenutzung festgelegt werden.

So wird's ein friedlicher Morgen

- Geben Sie jedem Kind einen eigenen Wecker, auch wenn mehr als eins in einem Zimmer schläft. (Manchmal hilft es, wenn sie aufstehen müssen, um ihn abzustellen.)
- Rufen Sie das Kind einmal und sagen Sie ihm, daß das Frühstück in 15 Minuten fertig ist. Verhaltenstherapeuten empfehlen, das Kind einmal zu rufen und es die Konsequenzen seines Verhaltens erleben zu lassen. Wenn es rechtzeitig aufsteht, kann es in Ruhe frühstücken und ist pünktlich in der Schule. Wenn es weiterschläft, hat es keine Zeit zum Frühstücken und kommt womöglich zu spät.

  Theoretisch (wenn Sie konsquent bleiben) wird das Kind sich zum Aufstehen entschließen.
- Zehn Minuten, bevor alle aus dem Haus müssen, lassen Sie einen Wecker klingeln.
- Einem trödelnden Kindergartenkind können Sie eine Geschichte vorlesen, während es sich fertigmacht. (Fürs Vorlesen brauchen Sie fünf Minuten, andernfalls müssen Sie das Kind vielleicht eine Viertelstunde lang antreiben.)

Sonnenuntergang

Wenn die Kinder das Wort «Schlafenszeit» hören, wissen sie, daß sie noch eine ganze Weile aufbleiben können, wenn Sie nur einen anständigen Kampf inszenieren. Zu den Guerillataktiken gehört es, große Mengen Wasser zu trinken, eine Fernsehsendung zu Ende zu sehen, sich an wichtige Aufgaben zu erinnern und ständig auf die Toilette zu laufen (Konsequenz aus Taktik eins). Diese Litanei mag von Familie zu Familie variieren, aber das Szenario ist überall dasselbe.

Meine Kinder haben dank meiner Inkonsequenz gelernt, daß die erste Aufforderung zum Schlafengehen nichts weiter als eine leere Phrase ist. Sie warten weitere Aufforderungen in steigenden Tonlagen ab, bis die Bombe platzt. Erst wenn wütende Drohungen folgen, geruhen sie vielleicht, mich ernst zu nehmen.

Ich habe es auf die richtige Art versucht und auf die falsche. Die richtige führt schneller zum Ziel, erfordert aber mehr Selbstdisziplin, deshalb verfalle ich oft auf die falsche und frage mich dann, weshalb es beim Zubettgehen dermaßen chaotisch zugehen muß.

Die richtige Art:

1. Legen Sie für jedes Kind eine Zeit fest, zu der es im Bett (für ältere Kinder: in seinem Zimmer) sein muß, und halten Sie daran fest. Nach einem besonders schönen Tag möchten Sie die Kinder vielleicht eine halbe Stunde länger aufbleiben lassen als gewöhnlich. Wenn Sie dagegen zermürbt sind, drängen Sie auf die Einhaltung der Bettzeit. Die Botschaft, die Ihre Kinder Ihrem Verhalten entnehmen, ist dann: Die Schlafenszeit ist von Ihrer Laune abhängig, und es kann jedesmal wieder darüber verhandelt werden. Dann kommt es immer wieder zu Streitereien und Tränen.

   Damit es morgens friedlich zugeht, legen Sie die Zeiten so fest, daß die Kinder genug Schlaf bekommen.

   Denken Sie dabei aber auch daran, daß Sie noch ein bißchen Zeit für sich selbst haben sollten, um sich zu entspannen. (Besonders wichtig für berufstätige Eltern.)

2. Schaffen Sie die richtige Atmosphäre. Ich weiß, das ist eine schwierige Aufgabe. Aber eine ruhige, friedliche Atmosphäre hilft, den Tag langsam ausklingen zu lassen. Alle sollten zur Ruhe kommen, wenn die Schlafenszeit heranrückt.

   Bereiten Sie die Kinder rechtzeitig vor. Sagen Sie ihnen Bescheid, daß es bald Zeit zum Schlafengehen ist, damit sie beenden können, was sie gerade tun. Wenn sie um halb neun schlafen sollen, lassen Sie sie keine einstündige Fernsehsendung sehen, die um acht beginnt (es sei denn, sie wissen, daß sie die Sendung nicht zu Ende sehen können).

3. Unterstützen Sie die Kooperationsbereitschaft durch ein Ritual beim Zubettgehen. Als unsere Kinder noch kleiner waren, spielten wir zusammen ein Spiel, wenn sie fertig für die Nacht waren, und dann versammelten sich alle zum Vorlesen um ein Bett. Nach einem Gutenachtkuß ging jeder in sein Bett und erzählte das Schönste, was er an diesem Tag erlebt hatte.

Die Gutenachtgeschichte hat eine uralte Tradition, aber manchmal ist man zu erschöpft, zu beschäftigt oder einfach zu schlecht gelaunt zum Vorlesen oder Erzählen. An solchen Tagen ist es besser, wenn die Kinder noch eine Kassette hören oder sich im Bett ein Bilderbuch ansehen.

4. Denken Sie immer daran, daß es einfacher und angenehmer ist, das, was Sie gerade tun, liegenzulassen und die Kinder zu Bett zu bringen, als weiterzumachen und ständig Befehle zu brüllen. Nehmen Sie die kleinen Tricks der Kinder vorweg, mit denen sie das Einschlafen hinauszögern. Sorgen Sie dafür, daß sie die Zähne putzen, auf die Toilette gehen und etwas trinken, wenn sie Durst haben. Wenn Sie wissen, daß alle Bedürfnisse erfüllt sind, können Sie ein Kind guten Gewissens wieder ins Bett stecken, wenn es noch einmal aufsteht. Je konsequenter Sie dafür sorgen, daß die Kinder im Bett bleiben, desto schneller werden sie es lernen.

Tips fürs Zubettgehen

- Hängen Sie eine Flasche an den Bettpfosten oder stellen Sie ein Glas Wasser auf den Nachttisch, falls das Kind nachts regelmäßig Durst bekommt.
- Stellen Sie einen Wecker auf die Zeit, zu der Ihr Teenager zu Hause sein soll. Dann können Sie ins Bett gehen und sich entspannen. Wenn der Wecker klingelt, müssen Sie sich natürlich Gedanken machen, aber wenn nicht, können Sie ruhig durchschlafen.
- Wenn das Signal zum Zubettgehen ertönt ist, lassen Sie die Kinder «gegen die Uhr antreten» und versuchen, ihre eigene «Bestzeit» zu unterbieten.
- Lassen Sie bei ängstlichen Kindern ein Nachtlicht brennen, oder stellen Sie eine Flasche Eau de Cologne o. ä. als «Monsterabweiser» ins Zimmer. Der Duft wird böse Geister so lange abwehren, bis das Kind schläft.
- Lassen Sie das Kind sanfte Musik hören. Vielleicht stellen Sie selbst eine Kassette mit entspannenden Melodien zusammen.
- Wenn die Gutenachtgeschichte zum Ritual gehört, nehmen Sie ab und zu eine Karte oder einen Atlas zu Hilfe. Zeigen Sie, wo die Geschichte spielt, wo die Helden leben, wo Sie selbst leben usw.

Eine Zusammenfassung dieses Kapitels läßt sich in einem Wort geben: Planung. In der Planung steckt das Geheimnis. Der größte Fehler ist es, das, was wir am meisten wollen gegen das einzutauschen, was wir im Moment wollen. Planen Sie das Aufstehen und das Zubettgehen, bleiben Sie konsequent und genießen Sie Ihren Erfolg.

Kapitel 16

Langeweile?

Sie können sicher sein, daß es Sommer ist, wenn:

1. Der Tag erst zwei Stunden alt ist und Sie bereits fünf Kämpfe geschlichtet, drei Knie verbunden, sechs Splitter entfernt und einmal um den Block gerannt sind, um Ihr Jüngstes zu suchen.
2. Das erste Wort, das Sie morgens (und von da an alle zehn Minuten) hören, ist: «Ich verhungere.» (Ich frage mich immer, warum die Kinder nicht einfach sagen können: «Ich habe Hunger.»)
3. Die Wohnung immer unaufgeräumt aussieht, das Geschirr sich im Abwasch türmt und die Fahrräder in der Einfahrt liegen.
4. Die Kinder nicht wissen, was sie tun sollen, und alles «langweilig» oder «blöd» ist.
5. Sie gerade dreizehn Stunden lang ein «leicht montierbares» Dreirad zusammengebaut haben.

Wenn einige dieser Symptome anhalten, lesen Sie dieses Kapitel.

Obwohl solche Probleme das ganze Jahr über auftreten können, scheinen sie im Sommer besonders üppig zu wuchern, deshalb spreche ich sie in diesem Zusammenhang an. Aber die Ideen in diesem Kapitel sind immer dann hilfreich, wenn die Kinder gelangweilt, hungrig oder lustlos sind.

Wo liegt das Problem?

Bevor Sie ein Problem lösen können, müssen Sie es erkennen und ergründen. Als ich beschloß, etwas gegen die hektischen Sommermonate zu unternehmen, wollte ich folgendes ändern:

1. Die Kinder wollten morgens immer schnell nach draußen und frühstückten nicht richtig.
2. Wenn es Zeit zum Mittagessen war, mußte ich sie suchen und (normalerweise unter Geschrei und Tränen) nach drinnen zerren.
3. Am frühen Nachmittag fingen sie an, sich zu langweilen und ständig zu essen.

4. Ich konnte das Haus nie sauber bekommen, weil die Kinder und ihre Freunde den ganzen Tag herein- und hinausliefen.

Eines Nachmittags beklagte ich mich bei meinem Mann, daß ich mit der Hausarbeit überhaupt nicht weiterkäme. Er sagte: «Warum schickst du sie nicht für eine Weile nach draußen?» Also schob ich alle aus dem Haus und stand Köpfe zählend an der Tür. Zehn kleine Jungen marschierten aus dem Haus, und nur drei davon gehörten mir! Kein Wunder, daß ich nichts schaffte!

Nachdem ich meine Probleme notiert hatte, überlegte ich, wie ich sie in den Griff bekommen könnte.

Schließlich kam ich auf folgende Hauptregel: Keiner durfte vor halb zwölf draußen spielen. Dann hatten wir Zeit für ein ruhiges Frühstück und die Hausarbeit. Als die Kinder noch kleiner waren, hängte ich eine Biene aus Pappe an die Tür, auf der stand: «Wir sind fleißig wie die Bienen. Kommt später wieder!» Die anderen Kinder begriffen schnell, daß sie nicht zum Spielen kommen konnten, solange die Biene an der Tür hing. Manchmal sah ich ein paar von ihnen im Vorgarten sitzen und darauf warten, daß ich die Biene abnahm.

Im Grunde löste diese eine einfache Regel – kein Spielen vor halb zwölf – alle Sommerprobleme, die ich hatte. Es gab auch keine Langeweile mehr, weil die Kinder erst später anfingen zu spielen.

Ein paar Jahre lang, als ich sehr ehrgeizig und die meiste Zeit zu Hause war, erweiterte ich diese Regel noch. Ich plante für jeden Tag eine bestimmte Aktivität. Am Montag zum Beispiel lasen wir ein Kapitel in einem Buch. Dienstag war Bibliothekstag; wir gingen in die Bibliothek und anschließend an den nahen Fluß. Mittwochs gingen wir in den Park, donnerstags auf den Spielplatz, und freitags machten wir Einkäufe und backten Kuchen.

Was läßt sich ändern?

Der Sinn dieser Unternehmungen war, die Zeit bis halb zwölf zu strukturieren und den Kindern Anregungen zu geben. Natürlich kommt dieses System nicht für jeden in Frage. Vielleicht arbeiten Sie ganztags, oder Sie haben kein Auto, um Ausflüge mit den Kindern zu machen. Vielleicht haben Sie größere und kleinere Kinder und können keine Aktivitäten finden, die für alle geeignet sind. Aber die Grundidee funktioniert auch, wenn Sie sie verändern und Ihrer Situation anpassen.

Spaß für die Familie

Hier ist eine Liste von Möglichkeiten, mit denen Sie sich und Ihre Familie motivieren können.

Basteln: Unsere Lieblingsbeschäftigungen waren Arbeiten mit Gips, Körbeflechten, Lederarbeiten, Modellbau, Steine und Blätter bemalen, Kartoffeldruck oder Malen mit Fingerfarben. Wir haben Figuren aus Streichholzschachteln und Schnüren gemacht und Spielzeug aus Kork und Pappmaché. Wir haben mit Salzteig und Ton modelliert.

Natur: Machen Sie ein paar einfache Experimente mit Küchenzubehör. In der örtlichen Bücherei finden Sie die richtigen Bücher zu diesem Thema.

Gehen Sie in ein Planetarium oder in den Zoo. Suchen Sie Tierspuren und machen Sie Gipsabdrücke davon. Machen Sie Picknickausflüge in einen Naturpark, schauen Sie den Sternenhimmel an, informieren Sie sich über Ihre Umwelt.

Beobachten Sie die Vögel und lernen Sie ihre Namen. Beschäftigen Sie sich mit Bäumen, Planzen, dem Wetter und dem Weltraum. Zu all diesen Themen gibt es ausgezeichnete Bücher für jedes Alter, die auch Erwachsenen Spaß machen.

Lesen: Lesen Sie mit Ihren Kindern neue und klassische Kinderbücher, immer ein Kapitel auf einmal. Besorgen Sie für jedes Kind eine Lesekarte und gehen sie häufig in die Bibliothek. Zeitweise haben wir einem unserer Kinder, das ungern las, fünf Pfennige für jede gelesene Seite bezahlt. Heute liest es gerne, aber jedesmal, wenn es ein Buch ausgelesen hat, kaufen wir ihm ein neues.

In einer Familie, die ich kenne, kaufen die Kinder ihre Bücher selbst. Wenn eins ausgelesen ist, ersetzen die Eltern den Kaufpreis.

Essen: Sehen Sie Ihre Kochbücher durch (es gibt auch ausgezeichnete Kochbücher für Kinder), und suchen Sie einfache Rezepte aus, mit denen Sie anfangen. Machen Sie Buchstabenplätzchen, mischen Sie einen Salat, dekorieren Sie einen Kuchen oder kneten Sie einen Teig und stechen Plätzchen aus. Das ist nicht nur eine gute Lernerfahrung für die Kinder, sondern auch ein ausgezeichnetes Training für die Mithilfe im Haushalt.

Nehmen Sie sich Zeit

Machen Sie doch mal Familiengymnastik, gehen Sie zusammen Schwimmen oder Eislaufen. Oder wie wäre es, wenn Sie sich gemeinsam um einen alten Menschen oder ein Kind aus einem Heim kümmern würden?

Das ist natürlich längst nicht alles, was Sie tun oder unternehmen können. Aber sicher haben Sie den Sinn der Sache verstanden. Sie können tausend Dinge mit Ihren Kindern machen – wenn Sie sich die Zeit dazu nehmen.

Sehen wir den Tatsachen ins Auge: Wir müssen viel Zeit mit unseren Kindern verbringen. Wir können sie mit Streiten, Ignorieren und Erziehungsmaßnahmen ausfüllen, oder wir nutzen sie für sinnvolle Aktivitäten. Auf lange Sicht kostet es weniger Zeit, sich mit den Kindern zu beschäftigen. Wenn die Kinder sich selbst überlassen bleiben, können die Konsequenzen sehr zeitraubend sein!

Aber auch, wenn Sie sich nicht den ganzen Tag um die Kinder kümmern können (oder wollen), gibt es viele Möglichkeiten, sie sinnvoll zu beschäftigen: Es gibt Mal-, Sport- und Musikkurse, Spielgruppen und natürlich Kindergärten.

Sammeln Sie Ideen und Material

Wenn es Ihnen so geht wie mir, dann haben Sie die besten Absichten, aber wenn es an die Realisierung geht, flüchten Sie sich in Entschuldigungen. «Wir können keine Puppen machen. Ich habe keine alten Socken.» – «Wir können nicht an den Strand fahren. Der Benzintank ist leer.» – «Nein, wir können nicht backen, das Mehl ist alle.»

Der einzige Weg, Ihre Absichten auch zu verwirklichen, ist ein wenig Planung und das Sammeln von Ideen und Material. Diese Planung muß nicht besonders genau sein – Montag Steine bemalen, Dienstag Brotbacken etc. Legen Sie einfach eine Liste verschiedener Bastelarbeiten, Spiele und Aktivitäten an, die allen gefallen. Und dann sammeln Sie das Material dazu. Damit haben Sie wie beim Menüplan alle Zutaten zur Hand, so daß Entschuldigungen nichtig werden.

Wenn Sie eine Beschäftigung von der Liste aussuchen, können Sie sie auch verwirklichen. Beginnen Sie mit dem Sammeln von Ideen. Gehen Sie in die Bibliothek und sehen Sie sich die Hobbybücher, Spiel- und Bastelbücher an. Wenn keine Bibliothek in der Nähe ist, wenden Sie sich an Kindergärten, Schulen oder Buchhandlungen.

Immer, wenn ich irgendwo eine Anregung finde, schreibe ich sie auf, fotokopiere sie oder reiße sie aus einer Zeitschrift und bewahre sie in einem Ringbuch auf. Inzwischen haben wir ein Beschäftigungsbuch mit Hunderten von Ideen, die für unsere Familie besonders interessant sind. Es ist ein ganz individuelles Buch und eine unerschöpfliche Fundgrube. Wir benutzen das Buch für geplante und spontane Aktivitäten. Wenn wir etwas basteln wollen, blättern wir das Buch durch und suchen uns ein paar Ideen aus. Dann notieren wir uns, was wir alles dafür brauchen, damit alles bereit ist, wenn wir anfangen wollen. Wenn die Kinder sich langweilen, holen sie sich das Buch und suchen sich etwas aus, das sie allein tun können.

Wenn Sie Ideen sammeln, sammeln Sie auch gleich Material. In einen großen Karton legen Sie Papprollen von Küchenpapier, Styroporstücke, Korken, Schnur, Draht, Holzabfälle, kleine Schachteln – alles, was Sie zum Basteln gebrauchen können. Natürlich brauchen Sie auch einen Vorrat an Papier, Farbstiften, Malfarben, Karton, Scheren, Klebstoff, Klebeband usw. Diese Investitionen lohnen sich, weil sie die Kinder immer wieder zu kreativen Beschäftigungen anregen.

Holz-, Leder-, Stoff- und andere Reste oder Abfälle können Sie billig oder umsonst in den entsprechenden Geschäften bekommen. Nach Papierresten können Sie z. B. in Druckereien fragen.

Wenn Sie viel Platz haben, können Sie nach Herzenslust sammeln. Sonst besorgen Sie sich das Material nach Bedarf.

Die Trickkiste

Ab und zu brauche ich absolute Ruhe (z. B. wenn ich ein Telefoninterview gebe oder mich für eine Party fertigmache). Dann greife ich in meine Trickkiste und lasse die Kinder etwas Besonderes machen. Ich habe nur ein paar Tricks, aber ich benutze sie so selten, daß sie immer wirken – die Kinder sind beschäftigt, still und stören mich nicht.

Ich lasse die Kinder z. B. mit Reis oder Getreideschrot spielen. Von beidem habe ich ein große Dose voll, die ausschließlich zum Spielen da ist. Die Kinder schütten den Reis oder das Schrot auf ein Backblech und lassen ihre Autos darauf fahren; sie stellen kleine Tiere und Puppen darin auf; sie spielen mit Trichtern, Sieben, Löffeln und Tassen und haben jedesmal eine Menge Spaß damit. Und hinterher läßt sich alles schnell mit einem Besen oder dem Staubsauger beseitigen.

Ein anderer Favorit ist «Zauberteig». (Da man dafür den Backofen braucht, sollten die Kinder nicht zu klein sein.) Stellen Sie aus einer Tasse Mehl und einer Tasse Wasser eine geschmeidige Paste her. Dann werden Wattebäuschchen in die Paste getaucht, so daß sie gut bedeckt sind (nicht ausdrücken). Die Kinder können daraus Buchstaben, Tiere, Schlangen, Zahlen, Blumen oder Muster machen, indem sie die feuchte Watte formen und auf ein leicht geöltes Backblech legen. Das Blech wird für eine Stunde in den 150 Grad heißen Ofen geschoben. Dann sind die Kunstwerke fest und trocken und können bemalt werden.

Wenn ich weiß, daß etwas Wichtiges bevorsteht (wie ein Telefoninterview), stelle ich vorher alles für die Kinder bereit.

Ideal sind auch Styroporverpackungen, die Sie z. B. in Elektrogeschäften bekommen. (Sie sind den Formen der Geräte angepaßt und eignen sich hervorragend zum Bauen von Raumschiffen, Puppenhäusern, Schiffen, Robotern, Autos, Burgen usw.) Wenn ich ein paar Styroporstücke mitbringe und die Kinder damit spielen lasse, sehe ich sie stundenlang nicht! Solche Tricks wirken natürlich nur, wenn man sie für besondere Situationen reserviert. Wenn sie zum Alltagsrepertoire gehören, verlieren sie schnell ihren Reiz.

Probieren Sie diese Ideen aus und suchen Sie nach weiteren, die Ihre Kinder beschäftigen, wenn Sie einmal Ruhe brauchen.

«Ich verhungere»

Nicht nur die Kinder haben im Sommer dauernd Hunger. Auch Tiere und Pflanzen brauchen mehr Nahrung. Als ich anfing, die Sommertage anders zu planen, fing ich beim Frühstück an. Ich machte jeden Morgen ein gutes, nahrhaftes Frühstück, mit dem die Kinder bis zum Mittagessen durchhielten.

Zwischen Mittagessen und Abendessen liegt eine lange Zeit, und ich erwarte nicht, daß die Kinder sie ohne eine Stärkung durchhalten. Manchmal knete ich abends, wenn die Kinder im Bett sind, schnell einen Plätzchenteig und lege ihn über Nacht in den Kühlschrank. Am nächsten Tag sind die Plätzchen schnell gebacken, vor allem, wenn die Kinder mithelfen.

Auch nahrhaftere Zwischenmahlzeiten sind schnell zubereitet: Stellen Sie Karotten- und Gurkenstücke (oder andere Gemüse), hartgekochte Eier, Käsewürfel, Obst usw. bereit (in Platikfolie gewickelt). Dazu gibt es Brötchen oder Cracker.

Oder geben Sie jedem Kind einen Beutel oder eine Frühstücksdose mit gesunden Sachen, die es zwichendurch essen kann.

In einer Thermoskanne (möglichst mit Spender) können Sie kalten Fruchtsaft oder Früchtetee bereitstellen, dazu Plastik- oder Wegwerfbecher, und die Kinder können sich selbst bedienen.

Ich hoffe, ich habe in diesem Kapitel kein zu rosiges Bild gemalt. Egal, was Sie tun, die Kinder werden trotzdem hin und wieder hungrig oder gelangweilt sein. Aber mit etwas Planung und einem Vorrat an Ideen und Material werden diese Situationen seltener werden.

Manchmal geht ein Vorhaben auch schief. Eine dieser Katastrophen war für uns ein Gerät, das «Whizzer» hieß. Es sollte garantiert über den Fußboden rasen und sich dabei drehen. Unser Whizzer fuhr jedoch nur ein paarmal lahm im Kreis.

Und das ist nur ein Beispiel. Ich könnte noch viele andere anführen. Es gab Zeiten, wo alles schiefzugehen schien. Eines Tages, als wir gerade mitten in einer Bastelei waren, riß das Baby die Farbe vom Tisch, Brian rutschte vom Stuhl und zerbrach eine Vase, und im gleichen Moment klingelte es. Ein freundlicher Mann entschuldigte sich dafür, daß er unseren Hund mit seinem Motorrad angefahren hatte. Während ich aufräumte und den verängstigten Hund beruhigte, fragte ich mich, ob sich der ganze Aufwand eigentlich lohnte. Aber ich wußte, daß ich meine Zeit nicht vergeudet hatte, als Brian sagte: «Danke, daß du mir geholfen hast, die Puppe zu machen. Du hast tolle Ideen.»

Und so habe ich mich immer wieder dafür belohnt gefühlt, daß ich so viel Zeit mit den Kindern verbracht habe – auch wenn die Belohnungen manchmal klein und unscheinbar waren.

Kapitel 17
Urlaub mit der Familie

Nach einer Autofahrt von Utah nach Wisconsin (ohne Vater) mit drei Kindern unter sechs, einem Hund und vier Philodendren verlieh ich mir selbst eine Ehrenmedaille für das Reisen mit Kindern.

Ich habe dabei viel gelernt, und jetzt weiß ich, daß man Reisen mit der Familie auch angenehmer und entspannter gestalten kann.

Wenn Sie sich für ein Ziel entschieden haben, machen Sie zunächst ein paar Hausaufgaben. Sammeln Sie bei Reisebüros, Autoclubs, Tankstellen etc. Informationsmaterial, um das Beste aus Ihrer Reise zu machen. Schreiben Sie an die Fremdenverkehrsämter der Städte, die Sie besuchen wollen, um etwas über die Sehenswürdigkeiten am Ort zu erfahren. Besorgen Sie sich Literatur über die Gegenden, durch die Sie fahren – sonst entgehen Ihnen vielleicht die schönsten Dinge. Wenn Sie hin und wieder anhalten, um ein Museum oder eine Touristenattraktion zu besuchen, bannen Sie nicht nur die Langeweile einer langen Reise, Sie bekommen auch ein wenig Bewegung und erweitern womöglich sogar Ihre Bildung.

Machen Sie rechtzeitig eine Liste von allem, was Sie mitnehmen wollen. Wenn Ihnen etwas einfällt, schreiben Sie es sofort auf. Die Liste bewahrt Sie vor dem unsterblichen Satz unmittelbar nach der Abreise: «Ich weiß genau, daß wir etwas vergessen haben!» Die Liste ist aber auch wichtig für die Rückfahrt, denn sie sorgt dafür, daß Sie nichts liegenlassen.

Zu Hause angekommen, heben Sie die Liste gut auf. Dann haben Sie fürs nächste Mal eine erprobte Grundlage und sparen viel Zeit.

Das lohnt sich vor allem für einen Campingurlaub. Zum Zelten muß man an so vieles denken, daß es sinnvoll ist, die Grundbedürfnisse ein für allemal festzuhalten.

Wenn Sie mit dem Auto verreisen, packen Sie meiner Erfahrung nach am besten, wenn die Kinder schlafen oder beschäftigt sind. Aufgeregte Kinder und nervöse Eltern machen den Start in den Urlaub unnötig anstrengend. Sie kommen schneller und besser voran, wenn die Kinder nicht dabei sind.

Richtig packen

Wenn Sie die Koffer packen, nehmen Sie nur das wirklich Notwendige mit. Die meisten Menschen packen doppelt soviel ein, wie sie brauchen, nach der Devise: «Lieber zuviel als zuwenig.» Entlasten Sie also sich und das Auto. In diesem Fall ist weniger wirklich mehr – weniger Gepäck, mehr Freiheit. Sie können unterwegs jederzeit etwas waschen oder im Notfall kaufen.

Kleinere Koffer oder Taschen sind schneller und übersichtlicher gepackt als große. Sie sind leichter zu tragen und zu verstauen, und außerdem sind sie preiswerter. Aber welche Art Gepäck Sie auch haben, packen Sie es voll. In halbvollen Koffern gerät alles durcheinander und wird zerdrückt. Packen Sie auch (besonders, wenn Sie mit Kindern reisen) eine kleine zusammenfaltbare Tasche mit ein. Sie beansprucht keinen Platz, und vielleicht bringen Sie ja mehr mit zurück, als Sie mitgenommen haben – Souvenirs, Muscheln, ein Kleid oder Spielzeug.

Wenn Sie unterwegs übernachten, packen Sie alles, was die Familie braucht, in einen Koffer, damit Sie nicht mehrere Gepäckstücke ausladen müssen. Unbedingt erforderlich ist ein Beutel für Schuhe, Pullover etc., die die Kinder immer ausziehen, sobald die Räder sich drehen. Wenn Sie zwischendurch anhalten, müssen Sie nicht das ganze Auto nach fehlenden Schuhen oder Socken absuchen.

Auch wenn Sie bei Freunden oder Verwandten übernachten, ist dieser Beutel eine große Hilfe: Die Kinder stecken alles hinein, was sie ausziehen, und die Abfahrt verzögert sich nicht stundenlang wegen der Suche nach einem verlorenen Strumpf.

Wenn Sie Muster oder Proben für Seife, Kosmetika etc. bekommen, heben Sie sie für Reisen auf. Sie sind klein und oft unzerbrechlich verpackt. Packen Sie auch alle anderen Toilettengegenstände in unzerbrechliche Behälter. Sie werden in Drogerien und Kaufhäusern angeboten.

Zu den Toilettensachen legen Sie auch gleich ein weiters nützliches Utensil – ein kleines Nachtlicht für die Steckdose. Wenn Sie mit Ihren Kindern woanders übernachten, ist ihnen die Umgebung fremd. Das Nachtlicht hilft ihnen, sich zu orientieren und ihre Hausschuhe, die Toilette oder ihr Kuscheltier zu finden.

Vergessen Sie auch Sicherheitsnadeln und ein kleines Nähetui nicht.

Organisation im Auto

Denken Sie an die folgenden Dinge, wenn Sie Ihre Liste zusammenstellen:

Nehmen Sie genug Kleingeld zum Telefonieren, für Toiletten und Verkaufsautomaten mit.

Sorgen Sie dafür, daß Sie aktuelles Kartenmaterial haben.

Aus Waschlappen lassen sich ausgezeichnete waschbare Reisekissen herstellen. Legen Sie zwei Waschlappen übereinander, nähen Sie sie an drei Seiten zusammen, füllen Sie sie mit Schaumstoff- oder Polyesterflocken, nähen Sie die vierte Seite zu, und Sie haben ein weiches, waschbares Kissen für die Reise. Es ist auch ideal für den Strand.

Wenn Sie normale Kissen benutzen, nehmen Sie ein paar zusätzliche Bezüge mit. Klebrige Finger, schmutzige Schuhe, geschmolzene Schokolade und Ketchup hinterlassen Spuren!

Zum Thema klebrige Finger: Keine Reise sollte ohne genügend feuchte Tücher und eine Rolle Papiertücher oder einen Waschlappen in einem Plastikbeutel angetreten werden. Um die Rolle handlicher zu machen, schneiden Sie sie in der Mitte durch; dann läßt sie sich besser verstauen.

Packen Sie auch ein paar Platikbeutel mit Reißverschluß ein, damit gesammelte Steine, sandige Wasserbälle und Strandspielzeug die anderen Sachen nicht verschmutzen.

Kinder heben gerne Würfelzucker, Steine, Eisstiele, Aufkleber und alle Arten von Souvenirs auf. Halten Sie dafür eine Dose oder einen Beutel bereit, in dem sie aufbewahrt werden können.

Und wie wäre es mit einem Ferientagebuch? Nehmen Sie ein leeres Fotoalbum mit und kleben Sie jeden Abend die Sammlung des Tages ein (Postkarten, Eintrittskarten, Zeichnungen) und schreiben Sie ein paar Erlebnisse auf.

Sie können auch ein kleines Tagebuch führen, in das jeder, der mag, etwas hineinschreibt. Wenn der Urlaub vorbei ist, haben Sie einen kompletten Reisebericht aus allen Blickwinkeln.

Bereiten Sie für jedes Kind eine Karte vor, auf der Name, Adresse und Telefonnummer sowie Adresse und Telefonnummer Ihres Urlaubsdomizils stehen. Überziehen Sie die Karte mit durchsichtiger Plastikfolie. Morgens wird sie mit einer Sicherheitsnadel innen in einer Hosen- oder Jackentasche befestigt. Wenn dem Kind etwas zustößt, können Sie sofort benachrichtigt werden.

In einem Utensilo, das über einen Vordersitz gehängt wird, können kleine Snacks, Spielsachen, Babyflaschen und Windeln untergebracht werden. Alles ist leicht zu finden und schnell wegzuräumen. Ein Kästchen mit Klapp- oder Schiebedeckel ist ein ideales Tischchen zum Spielen. Sie können Bilderbücher, Malblocks, Buntstifte, Puppen etc. hineinlegen, mit denen die Kinder sich unterwegs beschäftigen, und die Sachen haben einen festen Platz. Eine andere Idee: Hängen Sie einen Wäscheklammerbeutel an einen der hinteren Kleiderhaken. Darin können Sie Feuchtigkeitstücher, Taschentücher, Snacks, Papiertaschentücher etc. aufbewahren. Er ist besonders hilfreich, wenn Sie mit einem Baby unterwegs sind. Babys brauchen viele kleine Extras, die im Beutel zur Hand und trotzdem nicht im Weg sind.

Ein Wegwerflätzchen machen Sie genau wie der Zahnarzt: Sie nehmen ein Stück Schnur oder Gummiband und knoten eine kleine Klammer an jedes Ende. Klemmen Sie ein Papierhandtuch (oder eine Wegwerfwindel – Plastikseite nach innen) daran fest. Wenn das Lätzchen schmutzig ist, ersetzen Sie einfach das Papierhandtuch oder die Windel.

Ganz oben auf Ihrer Liste sollte irgendeine Art Abfallbehälter stehen. Am besten nehmen Sie einen für vorne und einen für hinten mit. Leeren Sie sie jedesmal aus, wenn Sie anhalten. Diese kleine Mühe erspart Ihnen mehr Unordnung im Auto als alles andere!

Wenn Sie in einem Hotel übernachten, heben Sie die Rechnung gut auf, damit Sie Adresse und Telefonnummer wissen, falls Sie etwas vergessen haben.

Wenn Sie vor dem Urlaub Zeit haben, schreiben Sie die Adressen von Freunden und Verwandten auf Adressenaufkleber. Unterwegs brauchen Sie sie dann nur noch auf Postkarten zu kleben – das macht auch den Kindern viel Spaß.

Nach Ihrer Rückkehr aus dem Urlaub gehen Sie am besten in einen Waschsalon. Dort können Sie die Wäscheberge in viel kürzerer Zeit bewältigen als zu Hause, wo Sie nur eine Maschine auf einmal waschen können.

Essen auf Reisen

Essen im Auto kann auch bei der besten Planung im Chaos enden. Dem Anblick fettiger Pommes frites unter der Gummimatte, Hühnerknochen, die in einem verirrten Schuh gelandet sind, und Senf auf den Sitzen halten auch die stärksten Nerven selten stand. Aber es gibt ein paar Mittel dagegen. Am besten ist es natürlich, überhaupt nicht im Auto zu essen, sondern an einem Rast- oder Picknickplatz. Ein bißchen Bewegung und frische Luft tut allen gut, dem Fahrer ebenso wie lebhaften Kindern. Wenn die Kinder unbedingt im Auto essen müssen, geben Sie jedem eine große Frühstücksdose aus Plastik, die es auf den Schoß nehmen kann. Nach dem Essen wischen Sie die Schachteln aus, stecken sie ineinander und schieben sie unter den Vordersitz. Wenn Sie in einem Restaurant essen wollen, gehen Sie so spät wie möglich essen, dann ist es leerer, und Sie müssen nicht so lange warten.

Am einfachsten ist es, wenn einer der Erwachsenen ins Restaurant geht und das Essen bestellt, während die anderen sich draußen ein wenig die Beine vertreten. Wenn das Essen serviert wird, können alle hineingehen. Sonst toben die Kinder durchs Restaurant, bis das Essen kommt.

Mit Bus, Bahn oder Flugzeug

Auch wenn Sie mit Bus, Bahn oder Flugzeug verreisen, sind viele der Tips in diesem Kapitel nützlich. Aber natürlich können Sie nicht so viel mitnehmen (Spielsachen, Snacks etc.).

Packen Sie eine kleine Tasche mit den allernotwendigsten Dingen, und nehmen Sie auch etwas zur Unterhaltung der Kinder mit. (Ich mache Ihnen gleich ein paar Vorschläge, die wenig oder gar keinen Platz erfordern.)

Sorgen Sie dafür, daß die Kinder ihre Namenskärtchen dabei haben, vor allem im Bus, wo sie öfters aussteigen. Nehmen Sie ins Flugzeug möglichst wenig Handgepäck mit, wenn Sie mit Kindern reisen, vor allem, wenn Sie sie noch tragen oder an die Hand nehmen müssen.

Egal, auf welche Art Sie reisen, ein wenig Vorausdenken und sorgfältige Planung macht auch eine Reise mit Kindern zu einer angenehmen Erfahrung.

So wird die Zeit nicht lang

Vorfreude und Aufregung gehören für Kinder zu einer Reise. Lassen Sie sie also ihre Energien austoben. Ihre Aufgabe ist es, sie zu kanalisieren. Gehen Sie die folgende Liste mit Anregungen durch und überlegen Sie, welche für Ihre Kinder interessant sein könnten.

Fangen Sie schon ein paar Wochen vor der Abreise an, Malbücher, Buntstifte, Bilder- und Beschäftigungsbücher, Schreibunterlagen, Comics, Kartenspiele usw. zu sammeln – lauter Dinge, die wenig Platz wegnehmen.

Denken Sie auch an Kinderzeitschriften, in denen die Kinder kleine Geschichten, Aufgaben, Suchbilder, Gedichte etc. finden.

Wenn wir mit den Kindern reisen, packe ich für jedes Kind ein «Überraschungspaket». (Ich frage mich immer, was ihnen wichtiger ist – die Überraschungen oder das Reisen.)

Nun sind die Kinder erst einmal für eine Weile beschäftigt. Aber irgendwann hat das Neue seinen Reiz verloren, und dann ist es Zeit für den Reserveplan. Nehmen Sie eine Schachtel oder einen Beutel mit Dingen mit, die Sie bei Bedarf einzeln herausholen. Denken Sie daran, daß nur Sie ihn benutzen dürfen, um die Sachen im richtigen Moment zu verteilen. Wenn die Kinder selbst hineingreifen dürfen, verliert dieses Mittel seine Wirkung. Hier sind ein paar Ideen für den Reserveplan:

Kleine Tütchen mit Trockenfrüchten, Rosinen, Gummibonbons und Zahnstochern. Die Kinder können daraus Monster, Roboter, Raumschiffe, Puppen usw. herstellen und ihre Schöpfungen anschließend aufessen. Aus Lakritzschnüren und Zuckerkringeln können sie auch eßbaren Schmuck herstellen.

Alle zwei bis drei Stunden können Sie kleine verpackte Geschenke verteilen. Natürlich fesseln neue Sachen die Kinder eher als bekannte. Wenn Sie aber nicht so viel Geld ausgeben wollen, ziehen Sie schon ein paar Wochen vor der Reise ein paar Spielzeuge aus dem Verkehr.

Oder Sie lassen die Kinder selbst in einen Beutel mit kleinen Geschenken greifen.

Stickbilder nehmen wenig Platz weg und sind leicht selbst herzustellen: Kleben Sie Malbuchbilder auf stabilen Karton und stechen Sie an den Umrißlinien entlang Löcher hinein. Die Bilder können dann mit Schnürsenkeln oder buntem Garn umstickt werden. Eine kleine Tafel und Kreide sind ideal zum Malen und für Spiele wie Käsekästchen, Buchstaben- und Zahlenspiele.

Für die Pausen sollten Sie einen Ball mitnehmen, damit die Kinder sich austoben können.

Ein Kassettenrecorder macht unterwegs ebenfalls viel Spaß. Vor einer Reise kaufe ich ein paar neue Bücher oder hole ältere heraus, die wir lange nicht gelesen haben. Dann spreche ich sie auf Kassette und läute jedesmal ein Glöckchen, wenn es Zeit zum Umblättern ist. Außerdem können Sie eine Leerkassette mitnehmen, auf die die Kinder ihre eigenen Stimmen aufnehmen, und natürlich ihre Lieblingskassetten.

Das «Guinessbuch der Rekorde» ist ein interessantes und unterhaltsames Buch für unterwegs. Lassen Sie die Kinder raten, wie hoch das höchste Gebäude, wie lang der längste Fingernagel, was der Rekord auf einem Nagelbrett, im Dauerklatschen usw. ist.

Spiele für unterwegs

Hier sind ein paar Vorschläge für Spiele, die keiner Vorbereitung bedürfen.

Zum Beispiel die Wörterschlange: Einer sagt ein Wort, und der nächste muß immer eines finden, das mit dem letzten Buchstaben des vorhergehenden beginnt.

Oder «Teekesselchen», bei dem sich einer ein Wort ausdenkt, das die anderen durch Fragen herausfinden müssen.

Auch Streckenspiele machen Spaß. Jemand sucht sich ein Objekt in der Ferne aus (einen Baum, einen Bauernhof etc.), schließt die Augen und sagt «jetzt», wenn er glaubt, daß das Auto daran vorbeifährt.

Schreiben Sie ein langes Wort oben auf ein Stück Papier. Wie viele neue Wörter kann man mit den Buchstaben bilden?

Streichen Sie in einer Geschichte ein paar Substantive, Adjektive und Verben aus. Lassen Sie die Familie diese Wörter durch andere ersetzen, die Sie vorsichtig darüberschreiben, und lesen Sie die neue Geschichte laut vor. Das ist nicht nur lustig, sondern gleichzeitig lernen die Kinder auch noch etwas.

So, nun wissen Sie also, wie Sie mit ein wenig Planung und Vorbereitung das Beste aus Ihrer Ferienreise machen können. Es geht um Spaß für die Familie, ums Zusammensein und eine Möglichkeit, dem Alltag zu entfliehen. Wenn die Kinder also laut werden (das passiert bestimmt), bleiben Sie entspannt und gelassen. Solange die Kinder nicht gänzlich außer Rand und Band geraten, kommen Sie bestimmt an Ihr Ziel: Schöne Ferien für die ganze Familie.

Urlaub zwischendurch

Ein Jahr ist eine lange Zeit zwischen zwei Urlauben, und ich muß einfach öfter mal den Alltag hinter mir lassen (und Sie vielleicht auch). «Ich kann es gar nicht erwarten, wieder zur Arbeit zu gehen, um mich vom Wochenende zu erholen! Ich habe zwei Tage frei, und wie verbringe ich sie? Ich arbeite im Garten, wasche das Auto, hole Sachen aus der Reinigung, mache den Wocheneinkauf, putze Fenster, koche, mache die Wäsche. Ist das meine Belohnung für eine anstrengende Woche im Büro? Was soll ich bloß tun?» Das fragte mich eines Tages eine erschöpfte Frau.

Ich glaube, das geht jedem manchmal so. Wenn es auch keine endgültige Flucht vor den Unbilden des Familienalltags gibt, können Sie sich doch gelegentlich einen freien Tag gönnen, an dem Sie sich entspannen und neue Energien tanken. Hier sind die drei grundsätzlichen Möglichkeiten, die Ihnen zu einem freien Tag verhelfen: Machen Sie's spontan, planen Sie oder lassen Sie es sich ein bißchen was kosten.

Vergessen Sie den Alltag

Erinnern Sie sich noch an das Zeitmanagement-Prinzip, über das wir sprachen – das Pareto-Prinzip? Pareto stellte fest, daß wir 80 % unserer Zeit mit Dingen verbringen, die nicht lebensnotwendig sind. Was würde passieren, wenn Sie Ihren Rasen nicht am Samstagnachmittag mähen? Würden die Nachbarn eine Petition einreichen, um Sie aus der Gegend zu vertreiben? Wahrscheinlich nicht. Was würde geschehen, wenn die Fenster nicht geputzt, die Garage nicht gefegt und die Sachen nicht aus der Reinigung geholt werden? Würde die Gesundheitsbehörde einschreiten? Nein. Gar nichts würde geschehen. Die meisten unserer alltäglichen Betätigungen lassen sich ohne weiteres um einen oder zwei Tage (mindestens) aufschieben, ohne daß ernsthafte Konsequenzen eintreten. Warum tun Sie's also nicht? Nehmen Sie sich einen freien Tag und lassen Sie die Dinge laufen.

Nehmen Sie einmal an, Sie, Ihr Mann oder eins der Kinder hätten einen Unfall gehabt und müßten für eine Weile ins Krankenhaus. Sie müßten alles außer den wirklich dringenden Verpflichtungen aufschieben, und Sie würden es ohne Zögern tun, stimmt's? Ich schlage Ihnen vor, genau das zu machen – nur aus einem angenehmeren Grund! Tun Sie nur das, was absolut nicht aufgeschoben werden kann, und vergessen Sie den Rest, bis der Tag vorüber ist.

Stellen Sie sich die Reaktion Ihrer Familie vor, wenn Sie verkünden: «Am Samstag machen wir einen Urlaubstag. Kein Kochen, keine Gartenarbeit, kein Bettenmachen. Wir werden uns entspannen und nur tun, was uns Spaß macht!»

(Sagen Sie den Kindern, daß Ruhe und Entspannung auch für Sie da sind. Wenn sie glauben, daß Sie sie und Ihre Freunde ins Schwimmbad fahren und hinterher für alle Pizza machen, dann haben sie es falsch verstanden – also machen Sie ihnen von vornherein klar, worum es geht.)

Tun Sie's einfach. Gönnen Sie sich einen Urlaubstag. Was getan werden muß, kann warten.

Kurzurlaub zu Hause

Vielleicht sind Sie nicht so spontan und ziehen es vor, Ihren freien Tag im voraus zu planen. Dann setzen Sie sich mit Ihrer Familie zusammen und reservieren Sie einen oder zwei Tage in der nächsten Zukunft für einen Kurzurlaub.

Als erstes legen Sie fest, was Sie mit Ihrer freien Zeit anfangen wollen. Mütter wollen den ganzen Tag lesen, Väter Fußballspielen, und die Kinder wollen Rollschuhlaufen. Wenn alle ihre Wünsche angemeldet haben, müssen vielleicht ein paar Kompromisse geschlossen werden. Der Vater setzt die Kinder auf dem Weg zum Fußballplatz an der Rollschuhbahn ab, und die Mutter holt sie am späten Nachmittag dort wieder ab. Dann gehen alle zusammen im Restaurant essen. Oder Sie suchen etwas aus, an dem sich alle beteiligen können.

Auf jeden Fall ist es wichtig, zu planen, was Sie tun wollen, damit Sie nicht den ganzen Tag damit verbringen, zu besprechen, wer wen wohin bringt, gelangweilte Kinder zu unterhalten (oder ihre Streitigkeiten zu schlichten) und zu wünschen, Ihr Urlaubstag wäre vorüber!

Als nächstes legen Sie Regeln und Richtlinien fest: Wir machen alle unsere Betten, wir essen alle Mahlzeiten in Restaurants, Snacks zu Hause werden von Papptellern gegessen, die Wohnung wird am Tag vorher geputzt usw.

Dann machen Sie ein Brainstorming und schreiben auf, was alles ein oder zwei Tage vor dem freien Tag erledigt werden muß (Wäsche, Putzen, Gartenarbeit, Auto waschen, Einkaufen usw.) Verteilen Sie die Arbeiten, oder jeder meldet sich freiwillig für ein paar. Oft hilft es, wenn Sie selbst auf ein paar Punkte auf der Liste zeigen und sagen: «Ich mache das und das und das. Was willst du machen?» Wenn die Aufgaben verteilt sind, notieren Sie die Aufträge in Ihrem Planungsbuch und auf den Wochenplänen der Kinder. So entsteht ein Gefühl von Einigkeit und Zusammengehörigkeit, weil alle für ein gemeinsames Ziel arbeiten. Der Gedanke an einen echten freien Tag ist normalerweise genug Motivation für Kinder, ihren Beitrag zu leisten. Wenn die Hausarbeit erledigt ist, wird der freie Tag entspannter, weil Gedanken wie: «Ich kann hier nicht ruhig sitzen, die Wohnung ist ein Chaos» oder: «Das Auto ist so schmutzig, ich mag gar nicht vor dem Haus parken» gar nicht erst entstehen können. Und wenn der Tag vorbei ist, warten keine lästigen Pflichten auf Sie.

Versuchen Sie also zu planen. Planen Sie, wann der freie Tag sein soll, planen Sie, was Sie tun wollen und was Sie nicht tun wollen, und planen Sie die Hausarbeit, die vor dem großen Tag erledigt werden soll. Und dann planen Sie, daß Sie sich erholen – denn das werden Sie bestimmt!

Gönnen Sie sich was!

Wenn Sie ein bißchen Geld ausgeben, können Sie sich einen üppigen Urlaubstag gönnen. Aber auch dann müssen Sie ein wenig planen.

Legen Sie den Tag fest und bestimmen Sie, welche Hausarbeiten bis dahin erledigt werden sollen. Wenn Sie sich besonders spendabel fühlen, lassen Sie so viel wie möglich machen: die Lebensmittel ins Haus bringen, die Fenster von einem Fensterputzer putzen etc.

Dann entscheiden Sie, was Sie unternehmen wollen. Hier sind ein paar Ideen.

In einem Sommer haben wir uns für ein paar Tage in einem Hotel in der Nähe eingemietet. Obwohl wir nicht weit von zu Hause weg waren, gab es kein Telefon, keine Post, keine Hausarbeit, und die Kinder waren nicht mit ihren Freunden zusammen. Wir verbrachten die Tage mit Schwimmen, wir aßen in Restaurants, wir gingen ins Kino. Kurzum, wir hatten eine wunderbare Zeit ganz für uns. Indem wir uns von unserem Zuhause und unserer Arbeit entfernten, haben wir die Versuchung ausgeschaltet, uns ablenken zu lassen, und jeder hatte eine Chance, sich zu entspannen.

Eine andere Idee: Verwandeln Sie die Wohnung oder das Haus in ein Hotel. Kaufen Sie duftende Gästeseifen und frische Blumen. Essen Sie in Restaurants (probieren Sie mal ein paar neue aus), gehen Sie Souvenirs kaufen, sehen Sie sich Touristenattraktionen an, die «Eingeborene» nie besuchen. Wenn es Sehenswürdigkeiten in der Nähe gibt, machen Sie eine Führung mit. Spielen Sie Touristen und entdecken Sie Ihre Umgebung neu. Gehen Sie in den Zoo, wandern Sie durch die Wälder, stöbern Sie in einem Antiquitätenladen – tun Sie, was Sie schon immer einmal tun wollten. Kaufen Sie Postkarten und schicken Sie sie Ihren Freunden. Dieses Gefühl des Abenteuers wird Ihnen so gut gefallen, daß Sie einen solchen Tag bestimmt wiederholen wollen.

Nehmen Sie sich gelegentlich einen freien Tag – und wenn Sie gerade zu viel zu tun haben und ein Ferientag unmöglich scheint, nehmen Sie es wenigsten leicht. Vereinfachen Sie die Mahlzeiten, gehen Sie mal essen, leisten Sie sich einen Babysitter und ruhen Sie sich wenigstens für ein paar Stunden aus. Können Sie vielleicht einen halben Tag Ferien machen? Ein bißchen freie Zeit ab und zu ist erholsam und gibt Ihnen neue Energie.

Und was ist, wenn Sie mitten in einem Projekt stecken, das Sie nicht unterbrechen können? Wenn ich die Umstände nicht ändern kann, dann ändere ich einfach meine Haltung.

Besinnen Sie sich auf den Wert ehrlicher, harter Arbeit. Ein weiser Mann hat einmal gesagt: «Arbeit ist das Stimulans, das Spannkraft verleiht. Arbeit ist nicht nur ein Weg zu einem Ziel, sondern sie ist selbst ein Ziel. Glücklich ist der, der seine Arbeit liebt, denn er erlebt jeden Tag große Freude.»

Wie oft habe ich mir gewünscht, von den ständigen Unterbrechungen befreit zu sein, die meine Tage so anstrengend machen. Als mein erstes Buch erschien, ging dieser Wunsch in Erfüllung. Ich wurde auf eine Promotion-Tour durch das ganze Land geschickt und verbrachte viele Stunden alleine in Hotelzimmern. Und wissen Sie, was ich entdeckte? Es war gar nicht so wunderbar, wie ich geglaubt hatte. Wie ich mich wenigstens nach einer kleinen Unterbrechung sehnte! Hier ist meine Lieblingsanekdote: Nach einer besonders anstrengenden Arbeitsphase kam Thomas Edison nach Hause, wo seine Frau ihn bat, sich ein Weilchen freizunehmen. Sie sagte ihm, er solle sich einen Ort ausdenken, wo er am liebsten sein würde, und dann dorthingehen. Am nächsten Tag befolgte Thomas Edison den Rat seiner Frau und kehrte in sein Laboratorium zurück.

Sie sehen also, «Arbeit» ist ein Bewußtseinszustand. Wenn Sie die Umstände nicht ändern können, versuchen Sie, Ihre Haltung zu ändern (wenigstens so lange, bis sich die Umstände ändern).

Nehmen Sie immer mal einen Tag Urlaub. Machen Sie so viel wie möglich daraus, entspannen und erholen Sie sich. Aber wenn das unmöglich ist, seien Sie dankbar, daß Sie arbeiten können und daß es etwas gibt, wofür Sie arbeiten.

Die Autorin

Deniece Schoefield ist in den USA eine bekannte Haushaltsberaterin und lebt in Utah. Neben Seminaren gibt Sie ihre Tips in Zeitungsartikeln und Büchern weiter. Sie hat bisher drei Bücher veröffentlicht und ist Mutter von fünf Kindern.